suhrkamp tasc

Bertolt Brecht wurde am 10. Februar 1898 als Sohn eines Papierfabrikanten in Augsburg geboren. Am 14. August 1956 starb er in Ost-Berlin. 1931–1948 Emigration in Dänemark, Schweden, Finnland, den USA und in der Schweiz. Friedrich Dürrenmatt hat Brecht den größten Dramatiker unserer Zeit genannt. Das Gesamtwerk u. a. »Baal«; »Trommeln in der Nacht«; »Die Dreigroschenoper«; »Leben des Galilei«; »Der gute Mensch von Sezuan«; »Mutter Courage und ihre Kinder«; »Herr Puntila und sein Knecht Matti«; »Der kaukasische Kreidekreis« betreut der Suhrkamp Verlag.

Brechts frühe Stücke sind dichterischer Protest und Provokation. Sein erstes Stück Baal (1918), das die »obszönen Wonnen des Fleisches« demonstriert, provozierte einen Theaterskandal. Die hier abgedruckte Fassung stammt aus dem Jahr 1955 (vgl. hierzu den Band Baal. Drei Fassungen, edition suhrkamp 170). – In der Komödie Trommeln in der Nacht (1919) – ihr ursprünglicher Titel Spartakus verweist auf den historisch-politischen Zusammenhang: die Revolution von 1918 – zeichnet Brecht den »falschen Proletarier«, der, als die Geliebte zu ihm zurückkommt, der Revolution den Rücken kehrt und wieder zum privatisierenden Bourgeois wird. Dieses Stück wurde mit dem Kleist-Preis ausgezeichnet. – Mit dem Großstadtmythos Im Dickicht der Städte (1924), der den Kampf zweier Männer in der Riesenstadt Chicago und den Untergang einer Familie zeigt, hatte sich Brecht als Dramatiker durchgesetzt. – Brechts Entwicklung zur großen epischen Dramatik, zum »wissenschaftlichen Theater« ist erst aus der Kenntnis seiner Jugendwerke, in denen schon wesentliche Themen seiner Welt vorgezeichnet sind, richtig zu verstehen.

Bertolt Brecht
Frühe Stücke

Baal
Trommeln in der Nacht
Im Dickicht der Städte

Suhrkamp

suhrkamp taschenbuch 201
Erste Auflage 1973
Die Texte folgen der Werkausgabe Bertolt Brecht,
Gesammelte Werke. 20 Bände
© Copyright Suhrkamp Verlag Frankfurt am Main 1967
Suhrkamp Taschenbuch Verlag
Alle Rechte vorbehalten, insbesondere das des öffentlichen Vortrags,
der Übertragung durch Rundfunk und Fernsehen
sowie der Übersetzung, auch einzelner Teile.
Druck: Nomos Verlagsgesellschaft, Baden-Baden
Printed in Germany
Umschlag nach Entwürfen von
Willy Fleckhaus und Rolf Staudt

8 9 10 11 12 13 – 97 96 95 94 93 92

Inhalt

Bei Durchsicht meiner ersten Stücke

Von meinen ersten Stücken ist die Komödie »Trommeln in der Nacht« das zwieschlächtigste. Die Auflehnung gegen eine zu verwerfende literarische Konvention führte hier beinahe zur Verwerfung einer großen sozialen Auflehnung. Die »normale«, das heißt konventionelle Führung der Fabel hätte dem aus dem Krieg kehrenden Soldaten, der sich der Revolution anschließt, weil sein Mädchen sich anderweitig verlobt hat, entweder das Mädchen zurückgegeben oder endgültig verweigert, in beiden Fällen jedoch den Soldaten in der Revolution belassen. In »Trommeln in der Nacht« bekommt der Soldat Kragler sein Mädchen zurück, wenn auch »beschädigt«, und kehrt der Revolution den Rücken. Dies erscheint geradezu die schäbigste aller möglichen Varianten, zumal da auch noch eine Zustimmung des Stückschreibers geahnt werden kann.

Ich sehe heute, daß mich mein Widerspruchsgeist – ich unterdrücke den Wunsch, hier das Wort »jugendlicher« einzuschalten, da ich hoffe, ihn auch heute noch ungeschmälert zur Verfügung zu haben – dicht an die Grenze des Absurden herangeführt hat.

Die Oh-Mensch-Dramatik dieser Zeit mit ihren unrealistischen Scheinlösungen stieß den Studenten der Naturwissenschaften ab. Hier wurde ein höchst unwahrscheinliches und bestimmt uneffektives Kollektiv »guter« Menschen konstruiert, das dem Krieg, diesem komplizierten, tief in der Gesellschaftsform verwurzelten Phänomen, hauptsächlich durch moralische Verfemung ein ewiges Ende bereiten sollte! Ich wußte nahezu nichts Genaues über die russische Revolution, aber schon meine bescheidenen Erfahrungen als Sanitätssoldat im

Winter 1918 ließen mich ahnen, daß eine ganz andere, eine neue Kampfkraft von säkularem Ausmaß den Schauplatz betreten hatte: das revolutionäre Proletariat.

Anscheinend reichten meine Erkenntnisse nicht dazu aus, den vollen Ernst der proletarischen Erhebung des Winters 1918/19, sondern nur dazu, den Unernst der Beteiligung meines randalierenden »Helden« an der Erhebung zu realisieren. Die Initiatoren des Kampfes waren die Proleten; er war der Nutznießer. Sie benötigten keinen Verlust, um sich zu empören; er konnte entschädigt werden. Sie waren bereit, seine Sache mitzubesorgen; er gab die ihre preis. Sie waren die tragischen Gestalten; er war die komische. Dies hatte mir, wie die Lektüre des Stücks ergab, durchaus vor Augen gestanden, aber es war mir nicht gelungen, den Zuschauer die Revolution anders sehen zu lassen, als der »Held« Kragler sie sah, und er sah sie als etwas Romantisches. Die Technik der Verfremdung stand mir noch nicht zur Verfügung.

Bei der Lektüre der Akte drei, vier und fünf von »Trommeln in der Nacht« befiel mich eine solche Unzufriedenheit, daß ich erwog, dieses Stück zu unterdrücken. Nur die Überlegung, daß die Literatur der Geschichte angehört und diese nicht gefälscht werden darf, sowie das Gefühl, daß meine jetzigen Ansichten und Fähigkeiten weniger wert wären ohne die Kenntnis meiner früheren – vorausgesetzt, da hat eine Besserung stattgefunden –, hinderten mich, den kleinen Scheiterhaufen zu errichten. Auch ist Unterdrückung nicht genug, Falsches muß korrigiert werden.

Allzuviel konnte ich freilich nicht tun, die Figur des Soldaten Kragler, des Kleinbürgers, durfte ich nicht antasten. Auch die relative Billigung seiner Haltung mußte ihm erhalten bleiben. Haben doch auch die Proleten immer noch mehr Verständnis für den Kleinbürger, der seine Interessen verteidigt – und seien es die kümmerlichsten, und sei es, er verteidigt diese gegen sie –, als für den, der aus Romantik oder schandenhalber mitmacht. Ich verstärkte jedoch vorsichtig die Ge-

genseite. Ich gab dem Schankwirt Glubb einen Neffen, einen jungen Arbeiter, der in den Novembertagen als Revolutionär gefallen ist. In diesem Arbeiter, freilich nur skizzenhaft sichtbar, jedoch durch die Skrupel des Schankwirts immerhin sich verdichtend, gewann der Soldat Kragler eine Art Gegenpart.

Es muß dem Leser oder Zuschauer dann zugemutet werden, ohne Hilfe geeigneter Verfremdungen von der Sympathie gegenüber dem Helden der Komödie zur Antipathie hinüberzuwechseln.

Das Stück »Baal« mag denen, die nicht gelernt haben, dialektisch zu denken, allerhand Schwierigkeiten bereiten. Sie werden darin kaum etwas anderes als die Verherrlichung nackter Ichsucht erblicken. Jedoch setzt sich hier ein.»Ich« gegen die Zumutungen und Entmutigungen einer Welt, die nicht eine ausnutzbare, sondern nur eine ausbeutbare Produktivität anerkennt. Es ist nicht zu sagen, wie Baal sich zu einer Verwertung seiner Talente stellen würde: er wehrt sich gegen ihre Verwurstung. Die Lebenskunst Baals teilt das Geschick aller andern Künste im Kapitalismus: sie wird befehdet. Er ist asozial, aber in einer asozialen Gesellschaft.

Zwanzig Jahre nach der Niederschrift des »Baal« bewegte mich ein Stoff (für eine Oper), der wieder mit dem Grundgedanken des »Baal« zu tun hatte. Es gibt eine chinesische Figur, meist fingerlang, aus Holz geschnitzt und zu Tausenden auf den Markt geworfen, darstellend den kleinen dikken Gott des Glücks, der sich wohlig streckt. Dieser Gott sollte, von Osten kommend, nach einem großen Krieg in die zerstörten Städte einziehen und die Menschen dazu bewegen wollen, für ihr persönliches Glück und Wohlbefinden zu kämpfen. Er sammelt Jünger verschiedener Art und zieht sich die Verfolgung der Behörden auf den Hals, als einige von ihnen zu lehren anfangen, die Bauern müßten Boden bekommen, die Arbeiter die Fabriken übernehmen, die Arbeiter-

und Bauernkinder die Schulen erobern. Er wird verhaftet und zum Tod verurteilt. Und nun probieren die Henker ihre Künste an dem kleinen Glücksgott aus. Aber die Gifte, die man ihm reicht, schmecken ihm nur, der Kopf, den man ihm abhaut, wächst sofort nach, am Galgen vollführt er einen mit seiner Lustigkeit ansteckenden Tanz und so weiter und so weiter. *Es ist unmöglich, das Glücksverlangen der Menschen ganz zu töten.*

Die erste und letzte Szene des Stückes »Baal« wurden für diese Ausgabe wieder so hergestellt, wie sie in der ersten Niederschrift waren. Sonst lasse ich das Stück, wie es ist, da mir die Kraft fehlt, es zu verändern. Ich gebe zu (und warne): dem Stück fehlt Weisheit.

Wenn auch nicht sehr deutlich, so erinnere ich mich doch an das Schreiben des Stückes »Im Dickicht der Städte«, jedenfalls erinnere ich mich an Wünsche und Vorstellungen, die mich erfüllten. Eine gewisse Rolle spielte, daß ich »Die Räuber« auf dem Theater gesehen hatte, und zwar in einer jener schlechten Aufführungen, die durch ihre Ärmlichkeit die großen Linien eines guten Stücks hervortreten lassen, so daß die guten Wünsche des Dichters dadurch zutage treten, daß sie nicht erfüllt werden. In diesem Stück wird um bürgerliches Erbe mit teilweise unbürgerlichen Mitteln ein äußerster, wildester, zerreißender Kampf geführt. Es war die Wildheit, die mich an diesem Kampf interessierte, und da in diesen Jahren (nach 1920) der Sport, besonders der Boxsport mir Spaß bereitete, als eine der »großen mythischen Vergnügungen der Riesenstädte von jenseits des großen Teiches«, sollte in meinem neuen Stück ein »Kampf an sich«, ein Kampf ohne andere Ursache als den Spaß am Kampf, mit keinem anderen Ziel als der Festlegung des »besseren Mannes« ausgefochten werden. Hinzufügen muß ich, daß mir damals eine merkwürdige historische Vorstellung vorschwebte, eine Menschheitsgeschichte in Vorgängen massenhafter Art von bestimmter, eben historischer Bedeutung, eine Geschichte immer anderer, neuer Verhaltungsarten, die da und dort auf dem Planeten gesichtet werden konnten.

In meinem Stück sollte diese pure Lust am Kampf gesichtet werden. Schon beim Entwurf merkte ich, daß es eigentümlich schwierig war, einen sinnvollen Kampf, das heißt nach meinen damaligen Ansichten, einen Kampf, der etwas bewies, herbeizuführen und aufrechtzuerhalten. Mehr und mehr wurde es ein Stück über die Schwierigkeit, einen solchen Kampf herbeizuführen. Die Hauptpersonen trafen diese und jene Maßnahme, um zu Griff zu kommen. Sie wählten die Familie des einen Kämpfers zum Kampfplatz, seinen Arbeitsplatz und so weiter und so weiter. Auch der Besitz des andern Kämpfers wurde »eingesetzt« (und damit bewegte ich mich, ohne es zu wissen, sehr nahe an dem wirklichen Kampf, der vor sich ging und den ich nur idealisierte, am Klassenkampf). Am Ende entpuppte sich tatsächlich der Kampf den Kämpfern als pures Schattenboxen[1]; sie konnten auch als Feinde nicht zusammenkommen. Dämmerhaft zeichnet sich eine Erkenntnis ab: daß die Kampfeslust im Spätkapitalismus nur noch eine wilde Verzerrung der Lust am Wettkampf ist. Die Dialektik des Stücks ist rein idealistischer Art.

Zugleich gab es damals einige anscheinend rein formale Wünsche. – Ich hatte in Berlin am damaligen Staatstheater am Gendarmenmarkt Jeßners Inszenierung von »Othello« mit Kortner und Hofer gesehen, und ein technisches Element hatte mich beeindruckt, die Art der Beleuchtung. Durch gekreuzte Scheinwerfer hatte Jeßner ein eigentümlich zerstäubtes Licht auf der Bühne erzeugt, das die Figuren mächtig hervortreten ließ: Sie bewegten sich im Licht wie die Figuren Rembrandts. – Weitere Eindrücke kamen hinzu: die Lektüre von Rimbauds »Sommer in der Hölle« und J. Jensens Chikagoroman »Das Rad«. Ferner die Lektüre einer Briefsammlung, deren

[1] Boxer trainieren, indem sie ohne Partner, das heißt mit einem nur vorgestellten Partner kämpfen.

Titel ich vergessen habe; die Briefe hatten einen kalten, endgültigen Ton, fast den eines Testaments. – Die Einflüsse der Augsburger Vorstadt müssen wohl auch erwähnt werden. Ich besuchte häufig den alljährlichen Herbstplärrer, einen Schaubudenjahrmarkt auf dem »kleinen Exerzierplatz« mit der Musik vieler Karusselle und Panoramen, die krude Bilder zeigten wie »Die Erschießung des Anarchisten Ferrer zu Madrid« oder »Nero betrachtet den Brand Roms« oder »Die Bayrischen Löwen erstürmen die Düppeler Schanzen« oder »Flucht Karls des Kühnen nach der Schlacht bei Murten«. Ich erinnere mich an das Pferd Karls des Kühnen. Es hatte enorme, erschrockene Augen, als fühle es die Schrecken der historischen Situation. – Ich schrieb das Stück größtenteils im Freien, im Gehen. Vorbei an meinem väterlichen Haus führte eine Kastanienallee entlang dem alten Stadtgraben; auf der anderen Seite lief der Wall mit Resten der einstigen Stadtmauer. Schwäne schwammen in dem teichartigen Wasser. Die Kastanien warfen ihr gelbes Laub ab. Das Papier, auf das ich schrieb, war dünnes Schreibmaschinenpapier, viermal gefaltet, daß es in mein ledernes Notatbuch paßte. Ich stellte Wortmischungen zusammen wie scharfe Getränke, ganze Szenen in sinnlich empfindbaren Wörtern bestimmter Stofflichkeit und Farbe. Kirschkern, Revolver, Hosentasche, Papiergott: Mischungen von der Art. – Selbstverständlich arbeitete ich gleichzeitig an der Fabel, an den Charakteren, an meinen Meinungen über menschliches Verhalten und seine Wirksamkeit, und vielleicht habe ich das Formale ein wenig übertrieben, aber ich wollte darlegen, was für ein komplexes Geschäft solch ein Schreiben ist und wie das eine in das andere eingeht, wie die Formung aus dem Stofflichen kommt und auf das Stoffliche zurückschlägt. Früher und später habe ich auf andere Weise und nach anderen Gesichtspunkten gearbeitet, und die Stücke waren dann auch einfacher und materialistischer, aber auch bei ihrer Formung ging viel eben Formales in den Stoff ein.

Mit der Bearbeitung von Marlowes »Leben Eduards des Zweiten von England«, die ich mit Lion Feuchtwanger zusammen unternahm, weil ich an den Münchener Kammerspielen eine Inszenierung zu machen hatte, kann ich heute nicht mehr viel anfangen. Wir wollten eine Aufführung ermöglichen, die mit der Shakespearetradition der deutschen Bühnen brechen sollte, jenem gipsig monumentalen Stil, der den Spießbürgern so teuer ist. Ich lasse sie ohne jede Änderung in Druck gehen. Die Erzählungsweise der elisabethanischen Stückeschreiber und die Anfänge einer neuen Bühnensprache[1] mögen den Leser interessieren.

An die Lektüre des Lustspiels »Mann ist Mann« machte ich mich mit besonderen Befürchtungen. Auch hier hatte ich wieder einen sozial negativen Helden, der nicht ohne Sympathie behandelt war. Das Problem des Stückes ist das falsche, schlechte Kollektiv (der »Bande«) und seine Verführungskraft, jenes Kollektiv, das in diesen Jahren Hitler und seine Geldgeber rekrutierten, das unbestimmte Verlangen der Kleinbürger nach dem geschichtlich reifen, echten sozialen Kollektiv der Arbeiter ausbeutend. Es lagen zwei Fassungen vor, die 1928 in der Berliner Volksbühne und die 1931 am Berliner Staatstheater gespielte. Wiederherzustellen, fand ich, war die erste Fassung, in der Galy Gay die Bergfestung Sir El Dchowr erobert. Ich hatte 1931 das Stück nach dem großen Montageakt enden lassen, da ich keine Möglichkeit sah, dem Wachstum des Helden im Kollektiv einen negativen Charakter zu verleihen. So hatte ich lieber auf die Beschreibung des Wachstums verzichtet.
Bei einer gut verfremdenden Darstellung ist aber dieses Wachstum ins Verbrecherische durchaus zeigbar. Ich versuchte, sie durch ein paar Einfügungen in die letzte Szene zu erleichtern.

1 Siehe »Über reimlose Lyrik mit unregelmäßigen Rhythmen« [in *Gesammelte Werke*, Bd. 19, S. 395 ff.].

Man könnte angesichts der Thematik und Fragestellung dieser ersten Stücke sagen: Wozu darauf zurückkommen? Warum nicht da reinen Tisch machen? Warum nicht von heute reden? Aber der den großen Sprung machen will, muß einige Schritte zurückgehen. Das Heute geht gespeist durch das Gestern in das Morgen. Die Geschichte macht vielleicht einen reinen Tisch, aber sie scheut den leeren.

Alle fünf Stücke zusammen, vier davon Polemiken, eines eine Kopie, gierige Reminiszenz an eine glücklichere dramatische Ära, zeigen ohne Bedauern, wie die große Sintflut über die bürgerliche Welt hereinbricht. Erst ist da noch Land, aber schon mit Lachen, die zu Tümpeln und Sunden werden; dann ist nur noch das schwarze Wasser weithin, mit Inseln, die schnell zerbröckeln.

März 1954

Baal

Meinem Freund George Pfanzelt

Personen

Baal, Lyriker · Mech, Großkaufmann und Verleger · Emilie, seine Frau · Dr. Piller, Kritiker · Johannes Schmidt · Pschierer, Direktor des Wasserfiskus · Ein junger Mann · Eine junge Dame · Johanna · Ekart · Luise, Kellnerin · Die beiden Schwestern · Die Hausfrau · Sophie Barger · Der Strolch · Lupu · Mjurk · Die Soubrette · Ein Klavierspieler · Der Pfarrer · Bolleboll · Gougou · Der alte Bettler · Maja, das Bettelweib · Das junge Weib · Watzmann · Eine Kellnerin · Zwei Landjäger · Fuhrleute · Bauern · Holzfäller

Als im weißen Mutterschoße aufwuchs Baal
War der Himmel schon so groß und still und fahl
Jung und nackt und ungeheuer wundersam
Wie ihn Baal dann liebte, als Baal kam.

Und der Himmel blieb in Lust und Kummer da
Auch wenn Baal schlief, selig war und ihn nicht sah:
Nachts er violett und trunken Baal
Baal früh fromm, er aprikosenfahl.

Und durch Schnapsbudike, Dom, Spital
Trottet Baal mit Gleichmut und gewöhnt sich's ab.
Mag Baal müd sein, Kinder, nie sinkt Baal:
Baal nimmt seinen Himmel mit hinab.

In der Sünder schamvollem Gewimmel
Lag Baal nackt und wälzte sich voll Ruh:
Nur der Himmel, aber immer Himmel
Deckte mächtig seine Blöße zu.

Und das große Weib Welt, das sich lachend gibt
Dem, der sich zermalmen läßt von ihren Knien
Gab ihm einige Ekstase, die er liebt
Aber Baal starb nicht: er sah nur hin.

Und wenn Baal nur Leichen um sich sah
War die Wollust immer doppelt groß.
Man hat Platz, sagt Baal, es sind nicht viele da.
Man hat Platz, sagt Baal, in dieses Weibes Schoß.

Gibt ein Weib, sagt Baal, euch alles her
Laßt es fahren, denn sie hat nicht mehr!
Fürchtet Männer nicht beim Weib, die sind egal:
Aber Kinder fürchtet sogar Baal.

Alle Laster sind zu etwas gut
Und der Mann auch, sagt Baal, der sie tut.
Laster sind was, weiß man was man will.
Sucht euch zwei aus: Eines ist zu viel!

Seid nur nicht so faul und so verweicht
Denn Genießen ist bei Gott nicht leicht!
Starke Glieder braucht man und Erfahrung auch:
Und mitunter stört ein dicker Bauch.

Zu den feisten Geiern blinzelt Baal hinauf
Die im Sternenhimmel warten auf den Leichnam Baal.
Manchmal stellt sich Baal tot. Stürzt ein Geier drauf
Speist Baal einen Geier, stumm, zum Abendmahl.

Unter düstern Sternen in dem Jammertal
Grast Baal weite Felder schmatzend ab.
Sind sie leer, dann trottet singend Baal
In den ewigen Wald zum Schlaf hinab.

Und wenn Baal der dunkle Schoß hinunter zieht:
Was ist Welt für Baal noch? Baal ist satt.
Soviel Himmel hat Baal unterm Lid
Daß er tot noch grad gnug Himmel hat.

Als im dunklen Erdenschoße faulte Baal
War der Himmel noch so groß und still und fahl
Jung und nackt und ungeheuer wunderbar
Wie ihn Baal einst liebte, als Baal war.

Mech, Emilie Mech, Pschierer, Johannes Schmidt, Dr. Piller,
Baal und andere Gäste kommen durch die Flügeltür.

MECH *zu Baal:* Wollen Sie einen Schluck Wein nehmen, Herr
  Baal? *Alles setzt sich, Baal auf den Ehrenplatz.*
MECH Essen Sie Krebse? Das ist ein Aalleichnam.
PILLER *zu Mech:* Es freut mich, daß Herrn Baals unsterbliche
  Gedichte, die Ihnen vorzulesen ich die Ehre hatte, Ihres Bei-
  falls würdig schienen. *Zu Baal:* Sie müssen Ihre Lyrik her-
  ausgeben. Herr Mech zahlt wie ein Mäzen. Sie kommen aus
  der Dachkammer heraus.
MECH Ich kaufe Zimthölzer. Ganze Wälder Zimthölzer
  schwimmen für mich brasilianische Flüsse abwärts. Aber ich
  gebe auch Ihre Lyrik heraus.
EMILIE Sie wohnen in einer Dachkammer?
BAAL *ißt und trinkt:* Klauckestraße 64.
MECH Ich bin eigentlich zu dick für Lyrik. Aber Sie haben
  einen Schädel wie ein Mann in den malaiischen Archipels,
  der die Gewohnheit hatte, sich zur Arbeit peitschen zu lassen.
  Er arbeitete nur mit gebleckten Zähnen.
PSCHIERER Meine Damen und Herren. Ich gestehe es offen: es
  hat mich erschüttert, einen solchen Mann in so bescheidenen
  Verhältnissen zu finden. Sie wissen, ich entdeckte unseren
  lieben Meister in meiner Kanzlei als einfachen Inzipient. Ich
  bezeichne es ohne Furcht als eine Schande für unsere Stadt,
  derartige Persönlichkeiten für Tagelohn arbeiten zu lassen.
  Ich beglückwünsche Sie, Herr Mech, daß Ihr Salon die Wiege
  des Weltruhms dieses Genies, jawohl Genies, heißen wird.
  Ihr Wohl, Herr Baal!

BAAL *macht eine abwehrende Geste; er ißt.*

PILLER Ich werde einen Essai über Sie schreiben. Haben Sie Manuskripte? Ich habe die Zeitungen hinter mir.

EIN JUNGER MANN Wie machen Sie nur diese verfluchte Naivität, lieber Meister? Das ist ja homerisch. Ich halte Homer für einen oder einige hochgebildete Bearbeiter mit penetrantem Vergnügen an der Naivität der originalen Volksepen.

EINE JUNGE DAME Mich erinnern Sie eher an Walt Whitman. Aber Sie sind bedeutender. Ich finde das.

EIN ANDERER MANN Dann hat er aber eher etwas von Verhaeren, finde ich.

PILLER Verlaine! Verlaine! Schon physiognomisch. Vergessen Sie nicht unsern Lombroso.

BAAL Noch etwas von dem Aal, bitte.

DIE JUNGE DAME Aber Sie haben den Vorzug größerer Indezenz.

JOHANNES Herr Baal singt seine Lyrik den Fuhrleuten vor. In einer Schenke am Fluß.

DER JUNGE MANN Du lieber Gott, Sie stecken alle Genannten ein, Meister. Die existierenden Lyriker können Ihnen nicht das Wasser reichen.

DER ANDERE MANN Jedenfalls ist er eine Hoffnung.

BAAL Noch etwas Wein, bitte.

DER JUNGE MANN Ich halte Sie für den Vorläufer des großen Messias der europäischen Dichtung, den wir auf das Bestimmteste für die unmittelbar allernächste Zeit erwarten.

DIE JUNGE DAME Verehrter Meister, meine Herrschaften. Erlauben Sie, daß ich hier aus der Zeitschrift »Revolution« ein Gedicht vorlese, das Sie ebenfalls interessieren wird. *Sie erhebt sich und liest:*

»Der Dichter meidet strahlende Akkorde.
Er stößt durch Tuben, peitscht die Trommel schrill.
Er reißt das Volk auf mit gehackten Sätzen.

Die neue Welt
Die Welt der Qual austilgend,
Insel glückseliger Menschheit.
Reden. Manifeste.
Gesänge von Tribünen.
Der neue, der heilige Staat
Sei gepredigt, dem Blut der Völker, Blut von ihrem Blut,
          eingeimpft.
Paradies setzt ein.
– Laßt uns die Schlagwetter-Atmosphäre verbreiten! –
Lernt! Vorbereitet! Übt euch!«

Beifall.
DIE JUNGE DAME *hastig:* Erlauben Sie! Ich finde noch ein
anderes Gedicht in dieser Nummer. *Sie liest:*

»Sonne hat ihn gesotten,
Wind hat ihn dürr gemacht,
Kein Baum wollte ihn haben,
Überall fiel er ab.

Nur eine Eberesche
Mit roten Beeren bespickt,
Wie mit feurigen Zungen,
Hat ihm Obdach gegeben.

Und da hing er mit Schweben,
Seine Füße lagen im Gras.
Die Abendsonne fuhr blutig
Durch die Rippen ihm naß,

Schlug die Ölwälder alle
Über der Landschaft herauf,
Gott in dem weißen Kleide
Tat in den Wolken sich auf.

In den blumigen Gründen
Singendes Schlangengezücht,
In den silbernen Hälsen
Zwitscherte dünnes Gerücht.

Und sie zitterten alle
Über dem Blätterreich,
Hörend die Hände des Vaters
Im hellen Geäder leicht.«

Beifall.

RUFE Genial. – Dämonisch und doch geschmackvoll. – Einfach himmlisch.

DIE JUNGE DAME Meiner Meinung nach kommt das dem baalischen Weltgefühl am nächsten.

MECH Sie müßten reisen. Die abessinischen Gebirge. Das ist was für Sie.

BAAL Aber zu mir kommen sie nicht.

PILLER Wozu? Bei Ihrem Lebensgefühl! Ihre Gedichte haben sehr stark auf mich gewirkt.

BAAL Die Fuhrleute zahlen was, wenn sie ihnen gefallen.

MECH *trinkt:* Ich gebe Ihre Lyrik heraus. Ich lasse die Zimthölzer schwimmen oder tue beides.

EMILIE Du solltest nicht so viel trinken.

BAAL Ich habe keine Hemden. Weiße Hemden könnte ich brauchen.

MECH Sie machen sich nichts aus dem Verlagsgeschäft?

BAAL Aber sie müßten weich sein.

PILLER *ironisch:* Mit was, meinen Sie, könnte ich Ihnen dienen?

EMILIE Sie machen so wundervolle Gedichte, Herr Baal. Darin sind Sie so zart.

BAAL *zu Emilie:* Wollen Sie nicht etwas auf dem Harmonium spielen?

Emilie spielt.

MECH Ich esse gern mit Harmonium.

EMILIE *zu Baal:* Trinken Sie, bitte, nicht so viel, Herr Baal.

BAAL *sieht auf Emilie:* Es schwimmen Zimthölzer für Sie, Mech? Abgeschlagene Wälder?

EMILIE Sie können trinken, so viel Sie wollen. Ich wollte Sie nur bitten.

PILLER Sie sind auch im Trinken vielversprechend.

BAAL *zu Emilie:* Spielen Sie weiter oben! Sie haben gute Arme. *Emilie hört auf und tritt an den Tisch.*

PILLER Die Musik selbst mögen Sie wohl nicht?

BAAL Ich höre die Musik nicht. Sie reden zuviel.

PILLER Sie sind ein komischer Igel, Baal. Sie wollen anscheinend nicht verlegt werden.

BAAL Handeln Sie nicht auch mit Tieren, Mech?

MECH Sind Sie dagegen?

BAAL *streichelt Emiliens Arm:* Was gehen Sie meine Gedichte an?

MECH Ich wollte Ihnen einen Gefallen tun. Willst du nicht noch Äpfel schälen, Emilie?

PILLER Er hat Angst, ausgesogen zu werden. – Ist Ihnen für mich noch keine Verwendung eingefallen?

BAAL Gehen Sie immer in weiten Ärmeln, Emilie?

EMILIE Jetzt müssen Sie mit dem Wein aber aufhören.

PSCHIERER Sie sollten mit dem Alkohol vielleicht etwas vorsichtig sein. Schon manches Genie . . .

MECH Wollen Sie nicht noch ein Bad nehmen? Soll ich Ihnen ein Bett machen lassen? Haben Sie nicht noch was vergessen?

PILLER Jetzt schwimmen die Hemden hinunter, Baal. Die Lyrik ist schon hinuntergeschwommen.

BAAL *trinkt:* Warum die Monopole? Gehen Sie zu Bett, Mech.

MECH *ist aufgestanden:* Mir gefallen alle Tiere des lieben Gottes. Aber mit dem Tier kann man nicht handeln. Komm, Emilie, kommen Sie, meine Herrschaften. *Alle haben sich empört erhoben.*

RUFE Herr! – Unerhört! – Das ist doch ...!

PSCHIERER Herr Mech, ich bin erschüttert ...

PILLER Ihre Lyrik hat auch einen bösartigen Einschlag.

BAAL *zu Johannes:* Wie heißt der Herr?

JOHANNES Piller.

BAAL Piller, S i e können mir altes Zeitungspapier schicken.

PILLER *im Abgehen:* Sie sind Luft für mich! Für die Literatur sind Sie Luft.

Alle ab bis auf Baal.

DIENER *herein:* Ihre Garderobe, mein Herr.

BAALS DACHKAMMER

Sternennacht. Am Fenster Baal und der Jüngling Johannes. Sie sehen Himmel.

BAAL Wenn man nachts im Gras liegt, ausgebreitet, merkt man mit den Knochen, daß die Erde eine Kugel ist und daß wir fliegen und daß es auf dem Stern Tiere gibt, die seine Pflanzen auffressen. Es ist einer von den kleineren Sternen.

JOHANNES Wissen Sie was von Astronomie?

BAAL Nein.

Stille.

JOHANNES Ich habe eine Geliebte, die ist das unschuldigste Weib, das es gibt, aber im Schlaf sah ich sie einmal, wie sie von einem Machandelbaum beschlafen wurde. Das heißt: auf dem Machandelbaum lag ihr weißer Leib ausgestreckt, und die knorrigen Äste umklammerten ihn. Seitdem kann ich nicht mehr schlafen.

BAAL Hast du ihren weißen Leib schon gesehen?

JOHANNES Nein. Sie ist unschuldig. Sogar die Knie – es gibt

24

viele Grade von Unschuld, nicht? Dennoch, wenn ich sie manchmal nachts auf einen Katzensprung im Arm halte, dann zittert sie wie Laub, aber immer nur nachts. Aber ich bin zu schwach, es zu tun. Sie ist siebzehn.

BAAL Gefiel ihr in deinem Traum die Liebe?

JOHANNES Ja.

BAAL Sie hat weiße Wäsche um ihren Leib, ein schneeweißes Hemd zwischen den Knien? Wenn du sie beschlafen hast, ist sie vielleicht ein Haufen Fleisch, der kein Gesicht mehr hat.

JOHANNES Sie sagen nur, was ich immer fühle. Ich meinte, ich sei ein Feigling. Ich sehe: Sie halten die Vereinigung auch für schmutzig.

BAAL Das ist das Geschrei der Schweine, denen es nicht gelingt. Wenn du die jungfräulichen Hüften umschlingst, wirst du in der Angst und Seligkeit der Kreatur zum Gott. Wie der Machandelbaum viele Wurzeln hat, verschlungene, so habt ihr viele Glieder in einem Bett, und darinnen schlagen Herzen und Blut fließt durch.

JOHANNES Aber das Gesetz straft es und die Eltern!

BAAL Deine Eltern – *er langt nach der Gitarre –*, das sind verflossene Menschen. Wie wollen sie den Mund auftun, in dem du verfaulte Zähne siehst, gegen die Liebe, an der jeder sterben kann? Denn wenn ihr die Liebe nicht aushaltet, speit ihr euch nur. *Er stimmt die Gitarre.*

JOHANNES Meinen Sie ihre Schwangerschaft?

BAAL *mit einigen harten Akkorden:* Wenn der bleiche milde Sommer fortschwimmt und sie sind vollgesogen wie Schwämme mit Liebe, dann werden sie wieder Tiere, bös und kindisch, unförmig mit dicken Bäuchen und fließenden Brüsten und mit feuchtklammernden Armen wie schleimige Polypen, und ihre Leiber zerfallen und werden matt auf den Tod. Und gebären unter ungeheurem Schrei, als sei es ein neuer Kosmos, eine kleine Frucht. Sie speien sie aus unter Qual und saugten sie ein einst mit Wollust. *Er zupft*

Läufe. Man muß Zähne haben, dann ist die Liebe, wie wenn man eine Orange zerfleischt, daß der Saft einem in die Zähne schießt.

JOHANNES Ihre Zähne sind wie die eines Tieres: graugelb, massiv, unheimlich.

BAAL Und die Liebe ist, wie wenn man seinen nackten Arm in Teichwasser schwimmen läßt, mit Tang zwischen den Fingern; wie die Qual, vor der der trunkene Baum knarzend zu singen anhebt, auf dem der wilde Wind reitet; wie ein schlürfendes Ersaufen im Wein an einem heißen Tag, und ihr Leib dringt einem wie sehr kühler Wein in alle Hautfalten, sanft wie Pflanzen im Wind sind die Gelenke, und die Wucht des Anpralls, der nachgegeben wird, ist wie Fliegen gegen Sturm, und ihr Leib wälzt sich wie kühler Kies über dich. Aber die Liebe ist auch wie eine Kokosnuß, die gut ist, solange sie frisch ist, und die man ausspeien muß, wenn der Saft ausgequetscht ist und das Fleisch bleibt über, welches bitter schmeckt. *Wirft die Gitarre weg.* Aber jetzt habe ich die Arie satt.

JOHANNES Sie meinen also, ich soll es tun, wenn es so selig ist?

BAAL Ich meine, d u sollst dich davor hüten, Johannes!

BRANNTWEINSCHENKE

Vormittag. Baal. Fuhrleute. Ekart hinten mit der Kellnerin Luise. Durchs Fenster sieht man weiße Wolken.

BAAL *erzählt den Fuhrleuten:* Er hat mich aus seinen weißen Stuben hinausgeschmissen, weil ich seinen Wein wieder ausspie. Aber seine Frau lief mir nach, und am Abend gab es eine Festivität. Jetzt habe ich sie am Hals und satt.

FUHRLEUTE Der gehört der Hintern verschlagen. – Geil sind sie wie die Stuten, aber dümmer. Pflaumen soll sie fressen! – Ich hau die meine immer blau, vor ich sie befriedigen tu.

JOHANNES *mit Johanna tritt ein:* Das ist die Johanna.

BAAL *zu den Fuhrleuten, die hintergehen:* Ich komme dann zu euch hinter und singe. Guten Tag, Johanna.

JOHANNA Johannes hat mir Lieder von Ihnen vorgelesen!

BAAL So. Wie alt sind Sie denn?

JOHANNES Siebzehn war sie im Juni.

JOHANNA Ich bin eifersüchtig auf Sie. Er schwärmt immer von Ihnen.

BAAL Sie sind verliebt in Ihren Johannes! Es ist jetzt Frühjahr. Ich warte auf Emilie. – Lieben ist besser als Genießen.

JOHANNES Ich begreife, daß Ihnen Männerherzen zufliegen, aber wie können Sie Glück bei Frauen haben?

EMILIE *tritt schnell ein.*

BAAL Da kommt sie. Guten Tag, Emilie. Der Johannes hat seine Braut mitgebracht. Setz dich!

EMILIE Wie kannst du mich hierherbestellen! Lauter Gesindel und eine Branntweinschenke! Das ist so dein Geschmack.

BAAL Luise! Einen Korn für die Dame!

EMILIE Willst du mich lächerlich machen?

BAAL Nein. Du wirst trinken. Mensch ist Mensch.

EMILIE Aber du bist kein Mensch.

BAAL Das weißt du. *Hält Luise das Glas hin.* Nicht zu knapp, Jungfrau. *Umfaßt sie.* Du bist verflucht weich heute, wie eine Pflaume.

EMILIE Wie geschmacklos du bist!

BAAL Schrei's noch lauter, Geliebte!

JOHANNES Es ist jedenfalls interessant hier. Das einfache Volk. Wie es trinkt und seine Späße treibt! Und dann die Wolken im Fenster!

EMILIE Sie hat er wohl auch erst hier hereingezogen? Zu den weißen Wolken?

JOHANNA Sollen wir nicht lieber in die Flußauen gehen, Johannes?

BAAL Nichts da! Dageblieben! *Trinkt.* Der Himmel ist violett, besonders wenn man besoffen ist. Betten hingegen sind weiß. Vorher. Es ist Liebe da zwischen Himmel und Boden.*Trinkt.* Warum seid ihr so feig? Der Himmel ist doch offen, ihr kleinen Schatten! Voll von Leibern! Bleich vor Liebe!

EMILIE Jetzt hast du wieder zu viel getrunken, und dann schwatzt du. Und mit diesem verfluchten wundervollen Geschwätz schleift er einen an seinen Trog!

BAAL Der Himmel – *trinkt* – ist manchmal auch gelb. Mit Raubvögeln darinnen. Ihr müßt euch betrinken. *Sieht unter den Tisch.* Wer stößt mir das Schienbein ein? Bist du's, Luise? Ach so: du, Emilie! Na, es macht nichts. Trinkt nur!

EMILIE *halb aufgestanden:* Ich weiß nicht, was du heut hast. Es war vielleicht doch nicht gut, daß ich hierhergekommen bin.

BAAL Merkst du das jetzt erst? Jetzt kannst du ruhig bleiben.

JOHANNA Das sollten Sie nicht tun, Herr Baal.

BAAL Sie haben ein gutes Herz, Johanna. Sie betrügen einmal Ihren Mann nicht, hm?

EIN FUHRMANN *wiehert los:* Trumpfsau! Gestochen!

ZWEITER FUHRMANN Nur weiter, sagt die Dirn, wir sind über dem Berg! *Gelächter.* Pflaumen soll sie fressen!

DRITTER FUHRMANN Schäm dich, untreu sein! sagte die Frau zum Knecht, der bei der Magd lag.
Gelächter.

JOHANNES *zu Baal:* Nur Johannas wegen, die ein Kind ist!

JOHANNA *zu Emilie:* Wollen Sie mit mir gehen? Wir gehen dann beide.

EMILIE *schluchzt über dem Tisch:* Ich schäme mich jetzt.

JOHANNA *legt den Arm um sie:* Ich verstehe Sie gut, es macht nichts.

EMILIE Sehen Sie mich nicht so an! Sie sind ja noch so jung. Sie wissen ja noch nichts.

BAAL *steht finster auf:* Komödie: Die Schwestern im Hades! *Geht zu den Fuhrleuten, nimmt die Gitarre von der Wand und stimmt sie.*
JOHANNA Er hat getrunken, liebe Frau. Morgen ist es ihm leid.
EMILIE Wenn Sie wüßten: so ist er immer. Und ich liebe ihn.
BAAL *singt:*

Orge sagte mir:

Der liebste Ort, den er auf Erden hab
Sei nicht die Rasenbank am Elterngrab.

Sei nicht ein Beichtstuhl, sei kein Hurenbett
Und nicht ein Schoß, weich, weiß und warm und fett.

Orge sagte mir: der liebste Ort
Auf Erden war ihm immer der Abort.

Dies sei ein Ort, wo man zufrieden ist
Daß drüber Sterne sind und drunter Mist.

Ein Ort sei einfach wundervoll, wo man
Selbst in der Hochzeitsnacht allein sein kann.

Ein Ort der Demut, dort erkennst du scharf:
Daß du ein Mensch nur bist, der nichts behalten darf.

Ein Ort der Weisheit, wo du deinen Wanst
Für neue Lüste präparieren kannst.

Wo man, indem man leiblich lieblich ruht
Sanft, doch mit Nachdruck etwas für sich tut.

Und doch erkennst du dorten, was du bist:
Ein Bursche, der auf dem Aborte – frißt!

FUHRLEUTE *klatschen:* Bravo! – Ein feines Lied! – Einen Sherry Brandy für den Herrn Baal, wenn Sie's annehmen wollen! – Und das hat er selber eigenhändig gemacht – Respekt!

LUISE *in der Mitte des Zimmers:* Sie sind einer, Herr Baal!

EIN FUHRMANN Wenn Sie sich auf was Nützliches werfen würden: Sie kämen auf einen grünen Zweig. Sie könnten geradewegs Spediteur werden.

ZWEITER FUHRMANN So einen Schädel müßte man haben!

BAAL Machen Sie sich nichts daraus! Dazu gehört auch ein Hinterteil und das übrige. Prost, Luise!

Geht an seinen Tisch zurück.

Prost, Emmi! Na, so trink doch wenigstens, wenn du sonst nichts kannst! Trink, sag ich!

Emilie nippt mit Tränen in den Augen an dem Schnapsglas.

BAAL So ist recht. Jetzt kommt in dich wenigstens auch Feuer!

EKART *hat sich erhoben, kommt langsam hinter dem Schanktisch hervor zu Baal. Er ist hager und ein mächtiger Bursche:* Baal! Laß das! Geh mit mir, Bruder! Zu den Straßen mit hartem Staub: abends wird die Luft violett. Zu den Schnapsschenken voll von Besoffenen: in die schwarzen Flüsse fallen Weiber, die du gefüllt hast. Zu den Kathedralen mit kleinen weißen Frauen; du sagst: Darf man hier atmen? Zu den Kuhställen, wo man zwischen Tieren schläft: sie sind finster und voll vom Gemuhe der Kühe. Und zu den Wäldern, wo das erzene Schallen oben ist und man das Licht des Himmels vergißt: Gott hat einen vergessen. Weißt du noch, wie der Himmel aussieht? Du bist ein Tenor geworden! *Breitet die Arme aus.* Kommt mit mir, Bruder! Tanz und Musik und Trinken! Regen bis auf die Haut! Sonne bis auf die Haut! Finsternis und Licht! Weiber und Hunde! Bist du schon so verkommen?

BAAL Luise! Luise! Einen Anker! Laß mich nicht mit dem!

Luise zu ihm. Kommt mir zu Hilfe, Kinder!

JOHANNES Laß dich nicht verführen!

BAAL Mein lieber Schwan!

JOHANNES Denk an deine Mutter und an deine Kunst! Sei stark! *Zu Ekart:* Schämen Sie sich! Sie sind der Teufel!

EKART Komm, Bruder Baal! Wie zwei weiße Tauben fliegen wir selig ins Blau! Flüsse im Frühlicht! Gottesäcker im Wind und der Geruch der unendlichen Felder, vor sie abgehauen werden!

JOHANNA Bleiben Sie stark, Herr Baal!

EMILIE *drängt sich an ihn:* Du darfst nicht! Hörst du! Dazu bist du zu schade!

BAAL Es ist zu früh, Ekart! Es geht noch anders! Sie gehen nicht mit, Bruder!

EKART So fahr zum Teufel, du Kindskopf mit dem Fettherzen! *Ab.*

FUHRLEUTE Heraus mit dem Eichelzehner! – Teufel! Zählen – Schluß!

JOHANNA Diesmal haben Sie gesiegt, Herr Baal!

BAAL Jetzt schwitze ich! Bist du heute frei, Luise?

EMILIE Du sollst nicht so reden, Baal! Du weißt nicht, was du mir damit tust.

LUISE Lassen Sie doch die Madamm, Herr Baal. Daß die nicht bei sich ist, sieht doch 'n Kind.

BAAL Sei ganz ruhig, Luise! Horgauer!

EIN FUHRMANN Was wollen Sie von mir?

BAAL Da wird eine mißhandelt und will Liebe haben. Gib ihr einen Kuß, Horgauer!

JOHANNES Baal!

Johanna umarmt Emilie.

FUHRLEUTE *hauen lachend auf den Tisch:* Immer zu, Andreas! – Faß an! – Feine Sorte. Schneuz dich vorher, André! – Sie sind ein Viech, Herr Baal!

BAAL Bist du kalt, Emilie? Liebst du mich? Er ist schüchtern, Emmi! Küß du! Wenn du mich vor den Leuten blamierst, ist es Matthäi am Letzten. Eins. Zwei. *Der Kutscher beugt sich.*

EMILIE *hebt ihm ihr tränenüberströmtes Gesicht entgegen; er küßt sie schallend.*

31

Großes Gelächter.

JOHANNES Das war böse, Baal! Das Trinken macht ihn bös, und dann fühlt er sich wohl. Er ist zu stark.

FUHRLEUTE Bravo! Was läuft sie in Schenken! – So soll ein Mannsbild sein! – Dieses ist eine Ehebrecherin! – So gehört ihr's! *Sie brechen auf.* Pflaumen soll sie fressen!

JOHANNA Pfui, schämen Sie sich!

BAAL *an sie heran:* Wie kommt es, daß Ihnen die Knie zittern, Johanna?

JOHANNES Was willst du?

BAAL *die Hand auf seiner Schulter:* Was mußt du auch Gedichte schreiben! Wo das Leben so anständig ist: wenn man auf einem reißenden Strom auf dem Rücken hinschießt, nackt unter orangefarbenem Himmel und man sieht nichts, als wie der Himmel violett wird, dann schwarz wie ein Loch wird . . . wenn man seinen Feind niedertrampelt . . . oder aus einer Trauer Musik macht . . . oder schluchzend vor Liebeskummer einen Apfel frißt . . . oder einen Frauenleib übers Bett biegt . . .

JOHANNES *führt Johanna stumm hinaus.*

BAAL *auf den Tisch gestützt:* Habt ihr's gespürt? Ist es durch die Haut gegangen? Das war Zirkus! Man muß das Tier herauslocken! In die Sonne mit dem Tier! Bezahlen! Ans Tageslicht mit der Liebe! Nackt in der Sonne unter dem Himmel!

FUHRLEUTE *schütteln ihm die Hand:* Servus, Herr Baal! – Gehorsamster Diener, Herr Baal! – Schauen Sie, Herr Baal: Ich für meinen Teil hab immer kalkuliert: mit dem Herrn Baal spukt's oben etwas. Mit den Liedern da und überhaupt. Aber das steht fest: daß Sie das Herz auf dem rechten Fleck haben! – Richtig behandeln muß man die Weiber! – Also heute, heute wurde hier ein weißer Popo gezeigt. – Einen guten Morgen, Herr Zirkus! *Ab.*

BAAL Guten Morgen, meine Lieben! *Emilie hat sich über die Bank geworfen und schluchzt. Baal fährt ihr mit dem Hand-*

rücken über die Stirn. Emmi! Du kannst jetzt ruhig sein. Jetzt hast du's hinter dir. *Hebt ihr das Gesicht, tut ihr das Haar aus dem nassen Gesicht.* Vergiß es! *Wirft sich schwer über sie und küßt sie.*

BAALS DACHKAMMER

1
Morgendämmerung. Baal und Johanna auf dem Bettrand sitzend.

JOHANNA Oh, was hab ich getan! Ich bin schlecht.
BAAL Wasch dich lieber!
JOHANNA Ich weiß noch immer nicht wie.
BAAL Der Johannes ist an allem schuld. Schleppt dich rauf und trollt sich wie Oskar, wie ihm ein Licht aufgeht, warum dir die Knie zittern.
JOHANNA *steht auf, leiser:* Wenn er wieder zurückgekommen ist . . .
BAAL Und jetzt kommt das Literarische. *Legt sich zurück.* Morgengrauen auf dem Berg Ararat.
JOHANNA Soll ich aufstehen?
BAAL Nach der Sintflut. Bleib liegen!
JOHANNA Willst du nicht das Fenster aufmachen?
BAAL Ich liebe den Geruch. – Was meinst du zu einer frischen Auflage? Hin ist hin.
JOHANNA Daß Sie so gemein sein können!
BAAL *faul auf dem Bett:* Weiß und reingewaschen von der Sintflut, läßt Baal seine Gedanken fliegen, gleich wie Tauben über das schwarze Gewässer.
JOHANNA Wo ist mein Leibchen? Ich kann doch so nicht . . .

33

BAAL *hält es ihr hin:* Da! – Was kannst du nicht, Geliebte?

JOHANNA Heim. *Läßt es fallen, zieht sich aber an.*

BAAL *pfeift:* Eine wilde Hummel! Ich spüre alle Knochen einzeln. Gib mir einen Kuß!

JOHANNA *am Tisch, mitten im Zimmer:* Sag etwas! *Baal schweigt.* Liebst du mich noch? Sag's! *Baal pfeift.* Kannst du es nicht sagen?

BAAL *schaut sich die Decke an:* Ich hab es satt bis an den Hals.

JOHANNA Was war das dann heut nacht? Und vorhin?

BAAL Der Johannes ist imstand und macht Krach. Die Emilie läuft auch herum wie ein angebohrtes Segelschiff. Ich kann hier verhungern. Ihr rührt ja keinen Finger für einen. Ihr wollt ja immer nur das eine.

JOHANNA *räumt verwirrt den Tisch ab:* Und du – warst nie anders zu mir?

BAAL Bist du gewaschen? Keine Idee Sachlichkeit! Hast du nichts davon gehabt? Mach, daß du heimkommst! Dem Johannes kannst du sagen, ich hätte dich gestern heimgebracht und speie auf ihn Galle. Es hat geregnet. *Wickelt sich in die Decke.*

JOHANNA Johannes? *Schwer zur Tür, ab.*

BAAL *kehrt sich scharf um:* Johanna! *Aus dem Bett zur Tür.* Johanna! *Am Fenster.* Da läuft sie hin! Da läuft sie hin!

2

Mittag. Baal liegt auf dem Bett.

BAAL *summt:*

Den Abendhimmel macht das Saufen
Sehr dunkel; manchmal violett;
Dazu dein Leib im Hemd zum Raufen ...

DIE BEIDEN SCHWESTERN *treten umschlungen ein.*

DIE ÄLTERE SCHWESTER Sie haben uns gesagt, wir sollen Sie wieder besuchen.

BAAL *summt weiter:*

In einem breiten weißen Bett.

DIE ÄLTERE Wir sind gekommen, Herr Baal.

BAAL Jetzt flattern sie gleich zu zweit in den Schlag. Zieht euch aus!

DIE ÄLTERE Die Mutter hat vorige Woche die Treppe knarren hören. *Sie öffnet der Schwester die Bluse.*

DIE JÜNGERE Es war schon dämmrig auf der Treppe, wie wir in die Kammer hinaufgeschlichen sind.

BAAL Eines Tages liegt ihr mir am Hals.

DIE JÜNGERE Ich ginge ins Wasser, Herr Baal!

DIE ÄLTERE Wir sind zu zweit . . .

DIE JÜNGERE Ich schäm mich, Schwester.

DIE ÄLTERE Es ist nicht das erstemal . . .

DIE JÜNGERE Aber so hell war es nie, Schwester. Es ist der helle Mittag draußen.

DIE ÄLTERE Es ist auch nicht das zweitemal . . .

DIE JÜNGERE Du mußt dich auch ausziehen.

DIE ÄLTERE Ich ziehe mich auch aus.

BAAL Wenn ihr fertig seid, könnt ihr zu mir kommen. Dann wird's schon dunkel.

DIE JÜNGERE Heute mußt du zuerst, Schwester.

DIE ÄLTERE Ich habe auch das letztemal zuerst . . .

DIE JÜNGERE Nein, ich.

BAAL Ihr kommt beide zugleich dran.

DIE ÄLTERE *steht, die Arme um die Jüngere geschlungen:* Wir sind fertig, es ist so hell herin.

BAAL Ist es warm draußen?

DIE ÄLTERE Es ist ja erst April.

DIE JÜNGERE Aber die Sonne ist heut warm draußen.

BAAL Hat es euch das letztemal gefallen?

Schweigen.

DIE ÄLTERE Es ist eine ins Wasser gegangen: die Johanna Reiher.

DIE JÜNGERE In die Laach. Da ginge ich nicht hinein. Die ist so reißend.

BAAL Ins Wasser? Weiß man warum?

DIE ÄLTERE Einige sagen was. Das spricht sich herum.

DIE JÜNGERE Sie ist abends fort, und über die Nacht ist sie fortgeblieben.

BAAL Ist sie nimmer heim in der Frühe?

DIE JÜNGERE Nein, dann ist sie in den Fluß. Man hat sie aber noch nicht gefunden.

BAAL Schwimmt sie noch ...

DIE JÜNGERE Was hast du, Schwester?

DIE ÄLTERE Nichts. Vielleicht hat es mich gefroren.

BAAL Ich bin heut so faul, ihr könnt heim.

DIE ÄLTERE Das dürfen Sie nicht tun, Herr Baal. Das dürfen Sie ihr nicht antun!

Es klopft.

DIE JÜNGERE Es hat geklopft. Das ist die Mutter.

DIE ÄLTERE Um Gottes willen, machen Sie nicht auf!

DIE JÜNGERE Ich fürchte mich, Schwester.

DIE ÄLTERE Da hast du die Bluse!

Es klopft stärker.

BAAL Wenn es eure Mutter ist, dann könnt ihr sehen, wie ihr die Suppe auslöffelt.

DIE ÄLTERE *zieht sich schnell an:* Warten Sie noch mit dem Aufmachen. Riegeln Sie zu, bitte, um Gottes willen!

DIE HAUSFRAU *dick, tritt ein:* I, da schau, ich hab mir's doch gedacht! Gleich zwei auf einmal jetzt! Ja, schämt ihr euch denn gar nicht? Zu zweit dem in seinem Teich liegen? Vom Morgen bis zum Abend und wieder bis zum Morgen wird dem das Bett nicht kalt! Aber jetzt meld ich mich: mein Dachboden ist kein Bordell!

BAAL *wendet sich zur Wand.*

DIE HAUSFRAU Sie haben wohl Schlaf? Ja, werden denn Sie von dem Fleisch nie satt? Durch Sie scheint ja die Sonne schon durch. Sie schauen ja ganz durchgeistigt aus. Sie haben ja bloß mehr 'ne Haut über die Beiner.

BAAL *mit Armbewegung:* Wie Schwäne flattern sie mir ins Holz!

DIE HAUSFRAU *schlägt die Hände zusammen:* Schöne Schwäne! Was Sie für 'ne Sprache haben! Sie könnten Dichter werden, Sie! Wenn Ihnen nur nicht bald die Knie abfaulen, Ihnen!

BAAL Ich schwelge in weißen Leibern.

DIE HAUSFRAU Weißen Leibern! Sie sind 'n Dichter! Sonst sind Sie ja so nichts! Und die jungen Dinger! Ihr seid wohl Schwestern, was? Ihr seid wohl arme Waisen, wie, weil ihr gleich Wasser heulen wollt. Ich prigle euch wohl? Eure weißen Leiber?

BAAL *lacht.*

DIE HAUSFRAU Sie lachen wohl noch? Verderben pfundweis arme Mädchen, die Sie in Ihre Höhle schleifen! Pfui Teufel, Sie Bestie! Ich kindige Ihnen. Jetzt aber Beine gekriegt ihr und heim zu Muttern, ich gehe gleich mit!

DIE JÜNGERE *weint stärker.*

DIE ÄLTERE Sie kann nichts dafür, Frau.

DIE HAUSFRAU *nimmt beide bei der Hand:* Regnet es jetzt? So ein Volk! Na, ihr seid hier auch nicht die einzigen! Der tut dick in Schwänen! Der hat noch ganz andere selig gemacht und die Häute auf den Mist geworfen! Also jetzt aber mal raus an die gute Luft! Da braucht's kein Salzwasser! *Nimmt die beiden um die Schultern.* Ich weiß schon, wie der da ist! Die Firma kenn ich. Nur nicht gleich Rotz geflennt, man sieht's ja sonst an den Augen! Geht halt schön Hand in Hand heim zu Muttern und tut's nicht wieder. *Schiebt sie zur Tür.* Und Sie: Ihnen kindige ich! Sie können Ihren Schwanenstall woanders einrichten! *Schiebt die beiden hinaus, ab.*

BAAL *steht auf, streckt sich:* Kanallje mit Herz! – Ich bin heut sowieso schon verflucht faul. *Er wirft Papier auf den Tisch, setzt sich davor.* Ich mache einen neuen Adam. *Entwirft große Initialen auf dem Papier.* Ich versuche es mit dem inneren Menschen. Ich bin ganz ausgehöhlt, aber ich habe Hunger wie ein Raubtier. Ich habe nur mehr Haut über den Knochen. Kanallje! *Lehnt sich zurück, streckt alle viere von sich, emphatisch:* Jetzt mache ich den Sommer. Rot. Scharlachen. Gefräßig. *Er summt wieder.*

3
Abend. Baal sitzt am Tisch.

BAAL *umfaßt die Schnapsflasche. In Pausen:* Jetzt schmiere ich den vierten Tag das Papier voll mit rotem Sommer: wild, bleich, gefräßig, und kämpfe mit der Schnapsflasche. Hier passierten Niederlagen, aber die Leiber beginnen an die Wände ins Dunkel, in die ägyptische Finsternis zurückzufliehen. Ich schlage sie an die Holzwände, nur darf ich keinen Schnaps trinken. *Er schwatzt:* Der weiße Schnaps ist mein Stecken und Stab. Er spiegelt, seit der Schnee von der Gosse tropft, mein Papier und blieb unberührt. Aber jetzt zittern mir die Hände. Als ob die Leiber noch in ihnen drin wären. *Er horcht.* Das Herz schlägt wie ein Pferdefuß. *Er schwärmt:* O Johanna, eine Nacht mehr in deinem Aquarium und ich wäre verfault zwischen den Fischen! Aber jetzt ist der Geruch der milden Mainächte in mir. Ich bin ein Liebhaber ohne Geliebte. Ich unterliege. *Trinkt, steht auf.* Ich muß ausziehen. Aber erst hole ich mir eine Frau. Allein ausziehen, das ist traurig. *Schaut zum Fenster hinaus.* Irgendeine! Mit einem Gesicht wie eine Frau! *Summend ab. Unten spielt ein Harmonium Tristan.*

JOHANNES *verkommen und bleich zur Tür herein. Wühlt in den Papieren auf dem Tisch. Hebt die Flasche. Geht schüchtern zur Tür und wartet dort.*
Lärm auf der Treppe. Pfeifen.

BAAL *schleift Sophie Barger herein. Pfeift:* Sei lieb, Geliebte!

Das ist meine Kammer. *Setzt sie nieder. Sieht Johannes.* Was tust du da?

JOHANNES Ich wollte nur . . .

BAAL So? Wolltest du? Stehst du da herum? Ein Leichenstein meiner verflossenen Johanna? Johannes' Leichnam aus einer andern Welt, wie? Ich schmeiße dich raus! Geh sofort hinaus! *Läuft um ihn herum.* Das ist eine Unverschämtheit! Ich schmeiße dich an die Wand, es ist sowieso Frühjahr! Hopp!

JOHANNES *sieht ihn an, ab.*

BAAL *pfeift.*

SOPHIE Was hat Ihnen der junge Mensch getan? Lassen Sie mich fort!

BAAL *macht die Tür weit auf:* Im ersten Stockwerk unten müssen Sie rechts gehen!

SOPHIE Sie sind uns nachgelaufen, als Sie mich drunten vor der Tür aufhoben. Man wird mich finden.

BAAL Hier findet dich niemand.

SOPHIE Ich kenne Sie gar nicht. Was wollen Sie mir tun?

BAAL Wenn du das fragst, dann kannst du wieder gehen.

SOPHIE Sie haben mich auf offener Straße überfallen. Ich dachte, es sei ein Orang-Utan.

BAAL Es ist auch Frühjahr. Es mußte etwas Weißes in diese verfluchte Höhle! Eine Wolke! *Macht die Tür auf, horcht.* Die Idioten haben sich verlaufen.

SOPHIE Ich werde davongejagt, wenn ich zu spät heimkomme.

BAAL Besonders so.

SOPHIE Wie?

BAAL Wie man aussieht, wenn man von mir geliebt wurde.

SOPHIE Ich weiß nicht, warum ich immer noch da bin.

BAAL Ich kann dir Auskunft geben.

SOPHIE Bitte, glauben Sie nichts Schlechtes von mir!

BAAL Warum nicht? Du bist ein Weib wie jedes andere. Der Kopf ist verschieden. Die Knie sind alle schwach.

SOPHIE *will halb gehen, sieht sich bei der Tür um; zu Baal, der sie, rittlings auf einem Stuhl sitzend, ansieht:* Adieu!

39

BAAL *gleichmütig:* Bekommen Sie nicht recht Luft?

SOPHIE Ich weiß nicht, mir ist so schwach. *Lehnt sich gegen die Wand.*

BAAL Ich weiß es. Es ist der April. Es wird dunkel, und du riechst mich. So ist es bei den Tieren. *Steht auf.* Und jetzt gehörst du dem Wind, weiße Wolke! *Rasch zu ihr, reißt die Türe zu, nimmt Sophie Barger in die Arme.*

SOPHIE *atemlos:* Laß mich!

BAAL Ich heiße Baal.

SOPHIE Laß mich!

BAAL Du mußt mich trösten. Ich war schwach vom Winter. Und du siehst aus wie eine Frau.

SOPHIE *schaut auf zu ihm:* Baal heißt du . . .?

BAAL Willst du jetzt noch heim?

SOPHIE *zu ihm aufschauend:* Du bist so häßlich, so häßlich, daß man erschrickt . . . Aber dann . . .

BAAL Hm?

SOPHIE Dann macht es nichts.

BAAL *küßt sie:* Hast du starke Knie, hm?

SOPHIE Weißt du denn, wie ich heiße? Ich heiße Sophie Barger.

BAAL Du mußt es vergessen. *Küßt sie.*

SOPHIE Nicht . . . nicht . . . Weißt du, daß mich noch nie jemand so . . .

BAAL Bist du unberührt? Komm! *Er führt sie zum Bett hinter. Sie setzen sich.* Siehst du! In der hölzernen Kammer lagen Kaskaden von Leibern: Aber jetzt will ich ein Gesicht. Nachts gehen wir hinaus. Wir legen uns unter die Pflanzen. Du bist eine Frau. Ich bin unrein geworden. Du mußt mich liebhaben, eine Zeitlang!

SOPHIE So bist du? . . . Ich hab dich lieb.

BAAL *legt den Kopf an ihre Brust:* Jetzt ist Himmel über uns, und wir sind allein.

SOPHIE Aber du mußt still liegen.

BAAL Wie ein Kind!

SOPHIE *richtet sich auf:* Daheim meine Mutter: ich muß heim.

BAAL Ist sie alt?

SOPHIE Sie ist siebzig.

BAAL Dann ist sie das Böse gewohnt.

SOPHIE Wenn mich der Boden verschluckt? Wenn ich in eine Höhle geschleift werde am Abend und nie mehr komme?

BAAL Nie? *Stille.* Hast du Geschwister?

SOPHIE Ja. Sie brauchen mich.

BAAL Die Luft in der Kammer ist wie Milch. *Auf, am Fenster.* Die Weiden am Fluß tropfnaß, vom Regen struppig. *Faßt sie.* Du mußt bleiche Schenkel haben.

GEKALKTE HÄUSER MIT BRAUNEN BAUMSTÄMMEN

Dunkle Glocken. Baal. Der Strolch, ein bleicher besoffener Mensch.

BAAL *geht mit großen Schritten im Halbkreis um den Strolch, der auf einem Stein sitzt und das Gesicht bleich nach oben hält:* Wer hat die Baumleichen an die Wände geschlagen?

STROLCH Die bleiche elfenbeinerne Luft um die Baumleichen: Fronleichnam.

BAAL Dazu Glocken, wenn die Pflanzen kaputtgehen!

STROLCH Mich heben die Glocken moralisch.

BAAL Schlagen dich die Bäume nicht nieder?

STROLCH Pah, Baumkadaver! *Trinkt aus einer Schnapsflasche.*

BAAL Frauenleiber sind nicht besser!

STROLCH Was haben Frauenleiber mit Prozessionen zu tun?

BAAL Es sind Schweinereien! Du liebst nicht.

STROLCH Der weiße Leib Jesu: ich liebe ihn! *Gibt ihm die Flasche hinauf.*

BAAL *besänftigter:* Ich habe Lieder auf dem Papier. Aber jetzt werden sie auf dem Abort aufgehängt.

STROLCH *verklärt:* Dienen!! Meinem Herrn Jesus: Ich sehe den weißen Leib Jesu. Ich sehe den weißen Leib Jesu. Jesus liebte das Böse.

BAAL *trinkt:* Wie ich.

STROLCH Weißt du die Geschichte mit ihm und dem toten Hund? Alle sagten: Es ist ein stinkendes Aas! Holt die Polizei! Es ist nicht zum Aushalten! Aber er sagte: Er hat schöne weiße Zähne.

BAAL Vielleicht werde ich katholisch.

STROLCH Er wurde es nicht. *Nimmt ihm die Flasche.*

BAAL *läuft wieder empört herum:* Aber die Frauenleiber, die er an die Wände schlägt, das tät ich nicht.

STROLCH An die Wände geschlagen! Sie schwammen nicht die Fließe herunter! Sie sind geschlachtet worden für ihn, den weißen Leib Jesu.

BAAL *nimmt ihm die Flasche, wendet sich ab:* Sie haben zuviel Religion oder zuviel Schnaps im Leib. *Geht mit der Flasche ab.*

STROLCH *maßlos, schreit ihm nach:* Sie wollen also nicht eintreten für Ihre Ideale, Herr! Sie wollen sich nicht in die Prozession schmeißen? Sie lieben die Pflanzen und wollen nichts tun für sie?

BAAL Ich gehe an den Fluß hinunter und wasche mich. Ich kümmere mich nie um Leichname. *Ab.*

STROLCH Ich aber habe Schnaps im Leib, ich halte das nicht aus. Ich halte diese verfluchten toten Pflanzen nicht aus. Wenn man viel Schnaps im Leib hätte, könnte man es vielleicht aushalten.

Baal. Sophie.

BAAL *faul:* Jetzt hat der Regen aufgehört. Das Gras muß noch naß sein ... Durch unsere Blätter ging das Wasser nicht ... Das junge Laub trieft vor Nässe, aber hier in den Wurzeln ist es trocken. *Bös:* Warum kann man nicht mit den Pflanzen schlafen?

SOPHIE Horch!

BAAL Das wilde Sausen des Windes in dem nassen, schwarzen Laub! Hörst du den Regen durch die Blätter tropfen?

SOPHIE Ich spüre einen Tropfen auf dem Hals ... O du, laß mich!

BAAL Die Liebe reißt einem die Kleider vom Leibe wie ein Strudel und begräbt einen nackt mit Blattleichen, nachdem man Himmel gesehen hat.

SOPHIE Ich möchte mich verkriechen in dir, weil ich nackt bin, Baal.

BAAL Ich bin betrunken, und du schwankst. Der Himmel ist schwarz, und wir fahren auf der Schaukel, mit Liebe im Leib, und der Himmel ist schwarz. Ich liebe dich.

SOPHIE O Baal! Meine Mutter, die weint jetzt über meine Leiche, sie meint, ich bin ins Wasser gelaufen. Wieviel Wochen sind es jetzt? Da war es noch nicht Mai. Jetzt sind es vielleicht drei Wochen.

BAAL Jetzt sind es drei Wochen, sagt die Geliebte in den Baumwurzeln, als es dreißig Jahre waren. Und da war sie schon halb verwest.

SOPHIE Es ist gut, so zu liegen wie eine Beute, und der Himmel ist über einem, und man ist nie mehr allein.

BAAL Jetzt tue ich wieder dein Hemd weg.

*Ein kleines schweinisches Café, geweißnete Ankleidekammer,
hinten links brauner dunkler Vorhang, rechts seitlich geweißnete Brettertür zum Abort; rechts hinten Tür. Ist sie auf, sieht
man die blaue Nacht. Im Café hinten singt eine Soubrette.*

BAAL *geht mit nacktem Oberkörper trinkend herum, summt.*

LUPU *dicker bleicher Junge mit schwarzem glänzendem Haar
in zwei hingepatschten Strähnen in dem schweißig blassen
Gesicht, mit Hinterkopf, in der Tür rechts:* Die Laterne ist
wieder heruntergeschlagen worden.

BAAL Hier verkehren nur Schweine. Wo ist mein Quant
Schnaps wieder?

LUPU Sie haben allen getrunken.

BAAL Nimm dich in acht!

LUPU Herr Mjurk sagt etwas von einem Schwamm.

BAAL Ich bekomme also keinen Schnaps?

LUPU Vor der Vorstellung gibt es keinen Schnaps mehr für
Sie, sagt Herr Mjurk. Mir tun Sie ja leid.

MJURK *im Vorhang:* Mach dich dünne, Lupu!

BAAL Ich muß mein Quant bekommen, Mjurk, sonst gibt es
keine Lyrik.

MJURK Sie sollten nicht soviel saufen, sonst können Sie eines
Nachts überhaupt nicht mehr singen.

BAAL Wozu singe ich dann?

MJURK Sie sind neben der Soubrette Savettka die brillanteste
Nummer der »Wolke der Nacht«. Ich habe Sie eigenhändig
entdeckt. Wann hat je eine so feine Seele in einem solchen
Fettkloß gesteckt? Der Fettkloß macht den Erfolg, nicht die
Lyrik. Ihr Schnapssaufen ruiniert mich.

BAAL Ich habe die Balgerei jeden Abend um den kontrakt-
lichen Schnaps satt. Ich haue ab.

MJURK Ich habe die Polizei hinter mir. Sie sollten mal wieder eine Nacht schlafen, Mann, Sie harpfen herum wie mit durchgeschnittenen Kniekehlen. Setzen Sie Ihre Geliebte an die Luft! *Klatschen im Café.* Aber jetzt kommt Ihre Pièce.

BAAL Ich habe es satt bis an den Hals.

DIE SOUBRETTE *mit dem Klavierspieler, einem bleichen apathischen Menschen, aus dem Vorhang:* Feierabend!

MJURK *drängt Baal einen Frack auf:* Halbnackt geht man bei uns nicht auf die Bühne.

BAAL Idiot! *Schmeißt den Frack ab, geht, die Klampfe hinter sich nachschleifend, durch den Vorhang ab.*

DIE SOUBRETTE *setzt sich, trinkt:* Er arbeitet nur für eine Geliebte, mit der er zusammen lebt. Er ist ein Genie. Lupu ahmt ihn schamlos nach. Er hat sich den gleichen Ton zugelegt sowie die Geliebte.

DER KLAVIERSPIELER *lehnt an der Aborttür:* Seine Lieder sind himmlisch, aber hier balgt er sich mit Lupu um ein Quant Schnaps seit elf Abenden.

DIE SOUBRETTE *säuft:* Es ist ein Elend mit uns.

BAAL *hinter dem Vorhang:* Ich bin klein, mein Herz ist rein, lustig will ich immer sein. *Klatschen, Baal fährt fort, zur Klampfe:*

Durch die Kammer ging der Wind
Blaue Pflaumen fraß das Kind
Und den sanften weißen Leib
Ließ es still dem Zeitvertreib.

Beifall im Café, mit Ohorufen. Baal singt weiter, und die Unruhe wird immer größer, da das Lied immer schamloser wird. Zuletzt ungeheurer Tumult im Café.

DER KLAVIERSPIELER *apathisch:* Zum Teufel, er geht durch! Sanitäter! Jetzt redet Mjurk, aber sie vierteilen ihn. Er hat ihnen die Geschichte nackt gegeben.

BAAL *kommt aus dem Vorhang, schleift die Klampfe hinter sich her.*

MJURK *hinter ihm:* Sie Vieh werde ich zwiebeln. Sie werden Ihre Nummer singen! Kontraktlich! Sonst alarmiere ich die Polizei! *Zurück in den Saal.*

DER KLAVIERSPIELER Sie ruinieren uns, Baal.

BAAL *greift sich an den Hals, geht rechts zur Aborttüre.*

DER KLAVIERSPIELER *macht nicht Platz:* Wo wollen Sie hin?

BAAL *schiebt ihn weg. Durch die Türe ab, mit der Klampfe.*

DIE SOUBRETTE Nehmen Sie die Klampfe mit auf den Abort? Sie sind göttlich!

GÄSTE *strecken Köpfe herein:* Wo ist der Schweinehund? – Weitersingen! – Nur jetzt keine Pause! – So ein verfluchter Schweinehund! *Zurück in den Saal.*

MJURK *herein:* Ich habe wie ein Heilsarmeemajor gesprochen. Die Polizei ist uns sicher. Aber die Burschen trommeln wieder nach ihm. Wo ist der Kerl denn? Er muß heraus.

DER KLAVIERSPIELER Die Attraktion ist auf den Abort gegangen.

Schrei hinten: Baal!

MJURK *trommelt an die Tür:* Herr! So geben Sie doch an! Zum Teufel, ich verbiete Ihnen, sich einzuriegeln. Zu einer Zeit, für die Sie von mir bezahlt werden. Ich habe es auf dem Papier! Sie Hochstapler! *Trommelt ekstatisch.*

LUPU *in der Tür rechts, man sieht die blaue Nacht:* Das Fenster zum Abort steht auf. Der Geier ist ausgeflogen. Ohne Schnaps keine Lyrik.

MJURK Leer? Ausgeflogen? Hinaus durch den Abort? Halsabschneider! Ich wende mich an die Polizei. *Stürzt hinaus. Rufe taktmäßig von hinten: Baal! Baal! Baal!*

Baal. Ekart.

BAAL *langsam durch die Felder:* Seit der Himmel grüner und schwanger ist, Juliluft, Wind, kein Hemd in den Hosen! *Zu Ekart zurück:* Sie wetzen mir die bloßen Schenkel. Mein Schädel ist aufgeblasen vom Wind, in dem Haar der Achselhöhle hängt mir der Geruch der Felder. Die Luft zittert wie von Branntwein besoffen.

EKART *hinter ihm:* Warum läufst du wie ein Elefant von den Pflaumenbäumen fort?

BAAL Leg deine Flosse auf meinen Schädel! Er schwillt mit jedem Pulsschlag und sackt wieder zusammen wie eine Blase. Spürst du es nicht mit der Hand?

EKART Nein.

BAAL Du verstehst nichts von meiner Seele.

EKART Sollen wir uns nicht ins Wasser legen?

BAAL Meine Seele, Bruder, ist das Ächzen der Kornfelder, wenn sie sich unter dem Wind wälzen, und das Funkeln in den Augen zweier Insekten, die sich fressen wollen.

EKART Ein julitoller Bursche mit unsterblichem Gedärm, das bist du. Ein Kloß, der einst am Himmel Fettflecken hinterläßt!

BAAL Das ist Papier. Aber es macht nichts.

EKART Mein Leib ist leicht wie eine kleine Pflaume im Wind.

BAAL Das kommt von dem bleichen Himmel des Sommers, Bruder. Wollen wir uns von dem lauen Wasser eines blauen Tümpels aufschwemmen lassen? Die weißen Landstraßen ziehen uns sonst wie Seile von Engeln in den Himmel.

Abend. Bauern um Baal. Ekart in einer Ecke.

BAAL Gut, daß ich euch alle beisammen habe! Mein Bruder kommt morgen abend hierher. Da müssen die Stiere da sein.

EIN BAUER *mit offenem Mund:* Wie sieht man es dem Stier an, ob er so ist, wie ihn Euer Bruder will?

BAAL Das sieht nur mein Bruder. Es müssen lauter schöne Tiere sein. Sonst hat es keinen Wert. Einen Korn, Wirt!

ZWEITER BAUER Kauft Ihr ihn gleich?

BAAL Den, der die stärkste Lendenkraft hat.

DRITTER BAUER Da werden sie aus elf Dörfern Stiere bringen, für den Preis, den du da ausgibst.

ERSTER BAUER Sieh dir doch m e i n e n Stier an!

BAAL Wirt, einen Korn!

DIE BAUERN Mein Stier, das ist der beste! Morgen abend, sagt Ihr? – *Sie brechen auf.* – Bleibt Ihr hier über Nacht?

BAAL Ja. In einem Bett!

Die Bauern ab.

EKART Was willst du denn eigentlich? Bist du irrsinnig geworden?

BAAL War es nicht prachtvoll, wie sie blinzelten und gafften und es dann begriffen und zu rechnen anfingen?

EKART Es hat uns wenigstens einige Gläser Korn einverleibt. Aber jetzt heißt es Beine machen!

BAAL Jetzt Beine? Bist du verrückt?

EKART Ja, bist denn d u irrsinnig? Denk doch an die Stiere!

BAAL Ja, wozu habe ich dann die Burschen eingeseift?

EKART Für einige Schnäpse doch!?

BAAL Phantasiere nicht! Ich will dir ein Fest geben, Ekart. *Er macht das Fenster hinter sich auf. Es dunkelt. Er setzt sich wieder.*

EKART Du bist von sechs Schnäpsen betrunken. Schäm dich!

48

BAAL Es wird wunderbar. Ich liebe diese einfachen Leute. Ich gebe dir ein göttliches Schauspiel, Bruder! Prost!

EKART Du liebst es, dich auf den Naiven hinauszuspielen. Die armen Burschen werden mir den Schädel einhauen und dir!

BAAL Sie tun es zu ihrer Belehrung. Ich denke an sie jetzt im warmen Abend mit einer gewissen Zärtlichkeit. Sie kommen, um zu betrügen, in ihrer einfachen Art, und das gefällt mir.

EKART *steht auf:* Also, die Stiere oder mich. Ich gehe, solang der Wirt nichts riecht.

BAAL *finster:* Der Abend ist so warm. Bleib noch eine Stunde. Dann gehe ich mit. Du weißt doch, daß ich dich liebe. Man riecht den Mist von den Feldern bis hier herüber. Meinst du, der Wirt schenkt Leuten noch einen Schnaps aus, die das mit den Stieren arrangieren?

EKART Da kommen Tritte.

PFARRER *tritt ein. Zu Baal:* Guten Abend. Sind Sie der Mann mit den Stieren?

BAAL Das bin ich.

PFARRER Wozu haben Sie den Schwindel eigentlich ins Werk gesetzt?

BAAL Wir haben sonst nichts auf der Welt. Wie stark das Heu herriecht! Ist das immer abends so?

PFARRER Ihre Welt scheint sehr armselig, Mann!

BAAL Mein Himmel ist voll von Bäumen und Leibern.

PFARRER Reden Sie nicht davon. Die Welt ist nicht Ihr Zirkus.

BAAL Was ist dann die Welt?

PFARRER Gehen Sie nur! Wissen Sie: Ich bin ein sehr gutmütiger Mensch. Ich will Ihnen auch nichts nachtragen. Ich habe die Sache ins reine gebracht.

BAAL Der Gerechte hat keinen Humor, Ekart!

PFARRER Sehen Sie denn nicht ein, wie kindisch Ihr Plan war? *Zu Ekart:* Was will denn der Mann?

BAAL *lehnt sich zurück:* In der Dämmerung, am Abend – es muß natürlich Abend sein und natürlich muß der Himmel bewölkt sein, wenn die Luft lau ist und etwas Wind geht, dann kommen die Stiere. Sie trotten von allen Seiten her, es ist ein starker Anblick. Und dann stehen die armen Leute dazwischen und wissen nichts anzufangen mit den Stieren und haben sich verrechnet: sie erleben nur einen starken Anblick. Ich liebe auch Leute, die sich verrechnet haben. Und wo kann man soviel Tiere beisammensehen?

PFARRER Und dazu wollten Sie sieben Dörfer zusammentrommeln?

BAAL Was sind sieben Dörfer gegen den Anblick!

PFARRER Ich begreife jetzt. Sie sind ein armer Mensch. Und Sie lieben wohl Stiere besonders?

BAAL Komm, Ekart! Er hat die Geschichte verdorben. Der Christ liebt die Tiere nicht mehr.

PFARRER *lacht, dann ernst:* Also das können Sie nicht haben. Gehen Sie nur und fallen Sie nicht weiter auf! Ich glaube, ich erweise Ihnen einen beträchtlichen Dienst, Mann!

BAAL Komm, Ekart! Du kannst das Fest nicht bekommen, Bruder! *Mit Ekart langsam ab.*

PFARRER Guten Abend! Wirt, ich bezahle die Zeche für die Herrn!

WIRT *hinter dem Tisch:* Elf Schnäpse, Hochwürden.

BÄUME AM ABEND

Sechs oder sieben Holzfäller sitzen an Bäume gelehnt. Darunter Baal. Im Gras ein Leichnam.

EIN HOLZFÄLLER Es ist eine Eiche gewesen. Er war nicht gleich tot, sondern litt noch.

ZWEITER HOLZFÄLLER Heute früh sagte er noch, das Wetter

scheine ihm besser zu werden. So wolle er es: grün mit etwas Regen. Und das Holz nicht zu trocken.

EIN DRITTER Er war ein guter Bursche, der Teddy. Früher hatte er irgendwo einen kleinen Laden. Das war seine Glanzzeit. Da war er noch dick wie ein Pfaffe. Aber er ruinierte das Geschäft wegen einer Weibersache und kam hier herauf, und da verlor er seinen Bauch mit den Jahren.

EIN ANDERER Erzählte er nie was von der Sache mit den Weibern?

DER DRITTE Nein. Ich weiß auch nicht, ob er wieder hinunter wollte. Er sparte ziemlich viel, aber da kann auch seine Mäßigkeit dran schuld gewesen sein. Wir erzählen hier oben nur Lügen. Es ist viel besser so.

EINER Vor einer Woche sagte er, im Winter gehe er nach Norden hinauf. Da scheint er irgendwo eine Hütte zu haben. Sagte er's nicht dir, wo, Elefant? *Zu Baal:* Ihr spracht doch davon?

BAAL Laßt mich in Ruh. Ich weiß nichts.

DER VORIGE Du wirst dich wohl selbst hineinsetzen wollen, hm?

DER ZWEITE Auf den ist kein Verlaß. Erinnert euch, wie er unsere Stiefel über Nacht ins Wasser hängte, daß wir nicht in den Wald konnten, nur weil er faul war wie gewöhnlich.

EIN ANDERER Er tut nichts für das Geld.

BAAL Streitet heut doch nicht! Könnt ihr nicht ein wenig an den armen Teddy denken?

EINER Wo warst du denn, als er vollends gar machte?
Baal erhebt sich und trollt sich quer übers Gras zu Teddy. Setzt sich dort nieder.

DER VORIGE Baal geht nicht gerad, Kinder!

EIN ANDERER Laßt ihn! Der Elefant ist erschüttert.

DER DRITTE Ihr könntet heut wirklich etwas ruhiger sein, solang der da noch daliegt.

DER ANDERE Was tust du mit Teddy, Elefant?

BAAL *über ihm:* Der hat seine Ruhe, und wir haben unsere

Unruhe. Das ist beides gut. Der Himmel ist schwarz. Die Bäume zittern. Irgendwo blähen sich Wolken. Das ist die Szenerie. Man kann essen. Nach dem Schlaf wacht man auf. Er nicht. Wir. Es ist doppelt gut.

DER ANDERE Wie soll der Himmel sein?

BAAL Der Himmel ist schwarz.

DER ANDERE Im Kopf bist du nicht stark. Es trifft auch immer die Unrichtigen.

BAAL Ja, das ist wunderbar, Lieber, da hast du recht.

EINER Baal kann es nicht treffen. Er kommt nicht dahin, wo gearbeitet wird.

BAAL Teddy hingegen war fleißig. Teddy war freigebig. Teddy war verträglich. Davon blieb eines: Teddy w a r.

DER ZWEITE Wo er wohl jetzt ist?

BAAL *auf den Toten deutend:* Da ist er.

DER DRITTE Ich meine immer, die armen Seelen, das ist der Wind, abends im Frühjahr besonders, aber auch im Herbst meine ich es.

BAAL Und im Sommer, in der Sonne, über den Getreidefeldern.

DER DRITTE Das paßt nicht dazu. Es muß dunkel sein.

BAAL Es muß dunkel sein, Teddy.
Stille.

EINER Wo kommt der eigentlich hin, Kinder?

DER DRITTE Er hat niemand, der ihn will.

DER ANDERE Er war nur für sich auf der Welt.

EINER Und seine Sachen?

DER DRITTE Es ist nicht viel. Das Geld trug er wohin, auf die Bank. Da wird es liegenbleiben, auch wenn er ausbleibt. Weißt du was, Baal?

BAAL Er stinkt immer noch nicht.

EINER Da habe ich eben einen sehr guten Einfall, Kinder.

DER ANDERE Heraus damit!

DER MANN MIT DEM EINFALL Nicht nur der Elefant hat Einfälle, Kinder. Wie wäre es, wenn wir auf Teddys Wohl eins tränken?

BAAL Das ist unsittlich, Bergmeier.

DIE ANDEREN Quatsch, unsittlich. – Aber was sollen wir trinken? Wasser? – Schäme dich, Junge!

DER MANN MIT DEM EINFALL Schnaps!

BAAL Ich stimme für den Antrag. Schnaps ist sittlich. Was für einer?

DER MANN MIT DEM EINFALL Teddys Schnaps.

DIE ANDEREN Teddys? – Das ist was. – Das Quant! – Teddy war sparsam. – Das ist ein guter Einfall von einem Idioten, Junge!

DER MANN MIT DEM EINFALL Feiner Blitz, was! Was für eure Dickschädel! Teddys Schnaps zu Teddys Leichenfeier! Billig und würdig! Hat schon einer eine Rede auf Teddy gehalten? Gehört sich das etwa nicht?

BAAL Ich.

EINIGE Wann?

BAAL Vorhin. Bevor ihr Unsinn schwatztet. Sie ging an mit: Teddy hat seine Ruhe . . . Ihr merkt alles erst, wenn es vorbei ist.

DIE ANDEREN Schwachkopf! – Holen wir den Schnaps!

BAAL Es ist eine Schande.

DIE ANDEREN Oho! – Und warum, großer Elefant?

BAAL Es ist Teddys Eigentum. Das Fäßchen darf nicht erbrochen werden. Teddy hat eine Frau und fünf arme Waisen.

EINER Vier. Es sind nur vier.

EIN ANDERER Jetzt kommt es plötzlich auf.

BAAL Wollt ihr Teddys fünf armen Waisen den Schnaps ihres armen Vaters wegsaufen? Ist das Religion?

DER VORIGE Vier. Vier Waisen.

BAAL Teddys vier Waisen den Schnaps von den Mäulern wegsaufen?

EINER Teddy hatte überhaupt keine Familie.

BAAL Aber Waisen, meine Lieben, Waisen.

EIN ANDERER Meint ihr, die dieser verrückte Elefant uzt,

Teddys Waisen werden Teddys Schnaps saufen? Gut, es ist Teddys Eigentum . . .

BAAL *unterbricht:* War es . . .

DER ANDERE Was willst du wieder damit?

EINER Er schwatzt nur. Er hat gar keinen Verstand.

DER ANDERE Ich sage: es war Teddys Eigentum, und wir werden es also bezahlen. Mit Geld, gutem Geld, Jungens. Dann können die Waisen anrücken.

ALLE Das ist ein guter Vorschlag. Der Elefant ist geschlagen. – Er muß verrückt sein, da er keinen Schnaps will. – Gehn wir ohne ihn zu Teddys Schnaps!

BAAL *ruft ihnen nach:* Kommt wenigstens wieder hierher, ihr verfluchten Leichenräuber! *Zu Teddy:* Armer Teddy! Und die Bäume sind ziemlich stark heut und die Luft ist gut und weich, und ich fühle mich innerlich geschwellt, armer Teddy, kitzelt es dich nicht? Du bist völlig erledigt, laß es dir erzählen, du wirst bald stinken, und der Wind geht weiter, alles geht weiter, und deine Hütte weiß ich, wo die steht, und dein Besitztum nehmen dir die Lebendigen weg, und du hast es im Stich gelassen und wolltest nur deine Ruhe. Dein Leib war noch nicht so schlecht, Teddy, er ist es jetzt noch nicht, nur ein wenig beschädigt, auf der einen Seite, und dann die Beine – mit den Weibern wäre es ausgewesen, so was legt man nicht zwischen ein Weib. *Er hebt das Bein des Toten.* Aber alles in allem, in dem Leib hätte es sich noch leben lassen bei besserem Willen, mein Junge, aber deine Seele war eine verflucht noble Persönlichkeit, die Wohnung war schadhaft, und die Ratten verlassen das sinkende Schiff; du bist lediglich deiner Gewohnheit unterlegen, Teddy.

DIE ANDEREN *kehren zurück:* Hoho, Elefant, jetzt gibt's was! Wo ist das Fäßchen Brandy unter Teddys altem Bett, Junge? – Wo warst du, als wir uns mit dem armen Teddy beschäftigten? Herr? Da war Teddy noch nicht mal ganz tot, Herr? – Wo warst du da, du Schweinehund, du Leichenschänder, du Beschützer von Teddys armen Waisen, hm?

BAAL Es ist gar nichts erwiesen, meine Lieben!

DIE ANDEREN Wo ist dann der Schnaps? Hat ihn, nach deiner werten Ansicht, das Faß gesoffen? – Es ist eine verflucht ernsthafte Angelegenheit, Junge. – Steh einmal auf, du, erhebe dich! Geh einmal vier Schritte und leugne dann, daß du erschüttert bist, innerlich und äußerlich vollkommen zerrüttet, du alte Sau! – Auf mit ihm, kitzelt ihn etwas, Jungens, den Schänder von Teddys armer Ehre! *Baal wird auf die Beine gestellt.*

BAAL Schweinebande! Tretet mir wenigstens den armen Teddy nicht! *Er setzt sich und nimmt den Arm der Leiche unter seinen Arm.* Wenn ihr mich mißhandelt, fällt Teddy aufs Gesicht. Ist das Pietät? Ich bin in der Notwehr. Ihr seid sieben, sie – ben und habt nicht getrunken, und ich bin ein einziger und habe getrunken. Ist das fein, ist das ehrlich, sieben auf einen? Beruhigt euch! Teddy hat sich auch beruhigt.

EINIGE *traurig und empört:* Dem Burschen ist nichts heilig. – Gott sei seiner besoffenen Seele gnädig! – Er ist der hartgesottenste Sünder, der zwischen Gottes Handen herumläuft.

BAAL Setzt euch, ich mag die Pfafferei nicht. Es muß immer Klügere geben und Schwächere im Gehirn. Das sind dafür die besseren Arbeiter. Ihr habt gesehen, ich bin ein geistiger Arbeiter. *Er raucht.* Ihr hattet nie die rechte Ehrfurcht, meine Lieben! Und was kommt bei euch in Bewegung, wenn ihr den guten Schnaps in euch begrabt? Aber ich mache Erkenntnisse, sage ich euch! Ich habe zu Teddy höchst Wesentliches gesagt. *Er zieht aus dessen Brusttasche Papiere, die er betrachtet.* Aber ihr mußtet ja fortlaufen nach dem erbärmlichen Schnaps. Setzt euch: Seht euch den Himmel an zwischen den Bäumen, der jetzt dunkel wird. Ist das nichts? Dann habt ihr keine Religion im Leibe!

Man hört regnen. Baal. Ekart.

BAAL Das ist der Winterschlaf im schwarzen Schlamm für unsere weißen Leiber.

EKART Du hast das Fleisch immer noch nicht geholt!

BAAL Du bist wohl mit deiner Messe beschäftigt?

EKART Mußt du an meine Messe denken? Denk du an deine Frau! Wo hast du sie wieder hingetrieben, in dem Regen?

BAAL Sie läuft uns nach wie verzweifelt und hängt sich an meinen Hals.

EKART Du sinkst immer tiefer.

BAAL Ich bin zu schwer.

EKART Mit dem Insgrasbeißen rechnest du wohl nicht?

BAAL Ich kämpfe bis aufs Messer. Ich will noch ohne Haut leben, ich ziehe mich noch in die Zehen zurück. Ich falle wie ein Stier: ins Gras, da, wo es am weichsten ist. Ich schlucke den Tod hinunter und weiß von nichts.

EKART Seit wir hier liegen, bist du immer fetter geworden.

BAAL *langt mit der Rechten unterm Hemd in die linke Achselhöhle:* Mein Hemd aber ist weiter geworden, je dreckiger, desto weiter. Es ginge noch jemand rein. Aber ohne dicken Leib. Warum aber liegst du auf der faulen Haut, bei deinen Knochen?

EKART Ich habe eine Art Himmel in meinem Schädel, sehr grün und verflucht hoch, und die Gedanken gehen wie leichte Wolken im Wind drunter hin. Sie sind ganz unentschieden in der Richtung. Das alles ist aber in mir drin.

BAAL: Das ist das Delirium. Du bist ein Alkoholiker. Jetzt siehst du: es rächt sich.

EKART Wenn das Delirium kommt, das merke ich an meinem Gesicht.

BAAL Du hast ein Gesicht, in dem viel Wind Platz hat. Konkav. *Sieht ihn an.* Du hast gar kein Gesicht. Du bist gar nichts. Du bist transparent.

EKART Ich werde immer mathematischer.

BAAL Deine Geschichten erfährt man nie. Warum redest du nie über dich?

EKART Ich werde keine haben. Wer läuft da draußen?

BAAL Du hast ein gutes Gehör. Es ist etwas in dir drin, das deckst du zu. Du bist ein böser Mensch, gerade wie ich, ein Teufel. Aber eines Tags siehst du Ratten. Dann bist du wieder ein guter Mensch.

SOPHIE *in der Tür.*

EKART Bist du das, Sophie?

BAAL Was willst du schon wieder?

SOPHIE Darf ich jetzt herein, Baal?

EBENE. HIMMEL

Abend. Baal. Ekart. Sophie.

SOPHIE Mir sinken die Knie ein. Warum läufst du wie ein Verzweifelter?

BAAL Weil du dich an meinen Hals hängst wie ein Mühlstein.

EKART Wie kannst du sie so behandeln, die von dir schwanger ist?

SOPHIE Ich wollte es selbst, Ekart.

BAAL Sie wollte es selbst. Und jetzt hängt sie mir am Hals.

EKART Das ist viehisch. Setz dich hin, Sophie.

SOPHIE *setzt sich schwer:* Laß ihn fort!

EKART *zu Baal:* Wenn du sie auf die Straße schmeißt, ich bleibe bei ihr.

BAAL Sie bleibt bei dir nicht. Aber du ließest mich sitzen. Ihretwegen, das sieht dir gleich.

EKART Du hast mich zweimal aus dem Bett geschmissen. Dich ließen meine Geliebten kalt, du fischtest sie mir weg, obgleich ich sie liebte.

BAAL Weil du sie liebtest. Ich habe zweimal Leichen geschändet, weil du rein bleiben solltest. Ich brauche das. Ich hatte keine Wollust dabei, bei Gott!

EKART *zu Sophie:* Und dieses durchsichtige Vieh liebst du immer noch?

SOPHIE Ich kann nichts dafür, Ekart. Ich liebe noch seinen Leichnam. Ich liebe noch seine Fäuste. Ich kann nichts dafür, Ekart.

BAAL Ich will nie wissen, was ihr getrieben habt, als ich saß.

SOPHIE Wir standen beieinander vor dem weißen Gefängnis und schauten hinauf, wo du saßest.

BAAL Ihr wart beieinander.

SOPHIE Schlage mich dafür.

EKART *schreit:* Hast du sie mir nicht an den Hals geworfen?

BAAL Damals konntest du mir noch gestohlen werden.

EKART Ich habe nicht deine Elefantenhaut!

BAAL Ich liebe dich darum.

EKART So halt doch wenigstens dein verfluchtes Maul davon, solang sie noch dabeisitzt.

BAAL Sie soll sich trollen! Sie fängt an, zur Kanaille zu werden. *Fährt sich mit den Händen an den Hals.* Sie wäscht sich ihre beschmutzte Wäsche in deinen Tränen. Siehst du noch nicht, daß sie nackt zwischen uns läuft? Ich bin ein Lamm von Geduld, aber aus meiner Haut kann ich nicht.

EKART *setzt sich zu Sophie:* Geh heim zu deiner Mutter!

SOPHIE Ich kann ja nicht.

BAAL Sie kann nicht, Ekart.

SOPHIE Schlag mich, wenn du willst, Baal. Ich will nicht mehr sagen, daß du langsam gehen sollst. Ich habe es nicht so gemeint. Laß mich mitlaufen, solang ich Füße habe, dann will ich mich ins Gesträuch legen und du mußt nicht hersehen. Jage mich nicht weg, Baal.

BAAL Lege ihn in den Fluß, deinen dicken Leib! Du hast gewollt, daß ich dich ausspeie.

SOPHIE Willst du mich hier liegenlassen, du willst mich nicht hier liegenlassen. Du weißt es noch nicht, Baal. Du bist wie ein Kind, daß du so etwas meinst.

BAAL Jetzt habe ich dich satt bis an den Hals.

SOPHIE Aber die Nacht nicht, nicht die Nacht, Baal. Ich habe Angst allein. Ich habe Angst vor dem Finstern. Davor habe ich Angst.

BAAL In dem Zustand? Da tut dir keiner was.

SOPHIE Aber die Nacht. Wollt ihr nicht noch die Nacht bei mir bleiben?

BAAL Geh zu den Flößern. Heut ist Johannis. Da sind sie besoffen.

SOPHIE Eine Viertelstunde!

BAAL Komm, Ekart!

SOPHIE Wo soll ich denn hin?

BAAL In den Himmel, Geliebte!

SOPHIE Mit meinem Kind?

BAAL Vergrab es!

SOPHIE Ich wünsche mir, daß du nie mehr daran denken mußt, was du mir jetzt sagst unter dem schönen Himmel, der dir gefällt. Das wünsche ich mir auf den Knien.

EKART Ich bleibe bei dir. Und dann bringe ich dich zu deiner Mutter, wenn du nur sagst, daß du dieses Vieh nicht mehr lieben willst.

BAAL Sie liebt mich.

SOPHIE Ich liebe es.

EKART Stehst du noch da, du Vieh? Hast du keine Knie? Bist du im Schnaps ersoffen oder in der Lyrik? Verkommenes Tier! Verkommenes Tier!

BAAL Schwachkopf!

Ekart auf ihn los, sie ringen.

SOPHIE Jesus Maria! Es sind Raubtiere!

EKART *ringend:* Hörst du, was sie sagt, in dem Gehölz, und

jetzt wird es schon dunkel? Verkommenes Tier! Verkommenes Tier!

BAAL *an ihn, preßt Ekart an sich:* Jetzt bist du an meiner Brust, riechst du mich? Jetzt halte ich dich, es gibt mehr als Weibernähe! *Hält ein.* Jetzt sieht man schon Sterne über dem Gesträuch, Ekart.

EKART *starrt Baal an, der auf den Himmel sieht:* Ich kann es nicht schlagen.

BAAL *den Arm um ihn:* Es wird dunkel. Wir müssen Nachtquartier haben. Im Gehölz gibt es Mulden, wo kein Wind hingeht. Komm, ich erzähle dir von den Tieren. *Er zieht ihn fort.*

SOPHIE *allein im Dunkeln, schreit:* Baal!

HÖLZERNE BRAUNE DIELE

Nacht. Wind. An Tischen Gougou, Bolleboll. Der alte Bettler und Maja mit dem Kind in der Kiste.

BOLLEBOLL *spielt Karten mit Gougou:* Ich habe kein Geld mehr. Spielen wir um unsere Seelen!

DER BETTLER Bruder Wind will herein. Aber wir kennen unsern kalten Bruder Wind nicht. Hehehe.

DAS KIND *weint.*

MAJA *das Bettelweib:* Horcht! Da geht was ums Haus! Wenn das nur kein großes Tier ist!

BOLLEBOLL Warum? Bist du schon wieder lüstern?
Es schlägt an das Tor.

MAJA Horcht! Ich mache nicht auf!

DER BETTLER Du machst auf.

MAJA Nein, nein! Liebe Muttergottes, nein!

DER BETTLER Bouque la Madonne! Mach auf!

MAJA *kriecht zur Tür:* Wer ist draußen?

DAS KIND *weint.*

MAJA *öffnet die Tür.*

BAAL *mit Ekart tritt ein, verregnet:* Ist das die Spitalschenke?

MAJA Ja, aber es ist kein Bett frei. *Frecher:* Und ich bin krank.

BAAL Wir haben Champagner bei uns. *Ekart ist zum Ofen gegangen.*

BOLLEBOLL Komm her! Wer weiß, was Champagner ist, paßt
zu uns.

DER BETTLER Hier sind heut lauter feine Leute, mein lieber
Schwan!

BAAL *an den Tisch tretend, zieht zwei Flaschen aus den
Taschen:* Hm?

DER BETTLER Das ist Spuk!

BOLLEBOLL Ich weiß, woher du den Champagner hast. Aber
ich verrate dich nicht.

BAAL Komm, Ekart! Sind hier Gläser?

MAJA Tassen, gnädiger Herr! Tassen! *Sie bringt welche.*

GOUGOU Ich brauche eine eigene Tasse.

BAAL *mißtrauisch:* Dürfen Sie Champagner trinken?

GOUGOU Bitte. *Baal schenkt ein.*

BAAL Was haben Sie für eine Krankheit?

GOUGOU Lungenspitzenkatarrh. Es ist nichts. Eine kleine Ver-
schleimung. Nichts von Bedeutung.

BAAL *zu Bolleboll:* Und Sie?

BOLLEBOLL Magengeschwüre. Harmlos.

BAAL *zum Bettler:* Hoffentlich haben Sie auch ein Leiden?

DER BETTLER Ich bin wahnsinnig.

BAAL Prost! – Wir kennen uns. Ich bin gesund.

DER BETTLER Ich kannte einen Mann, der meinte auch, er sei
gesund. Meinte es. Er stammte aus einem Wald und kam
einmal wieder dort hin, denn er mußte sich etwas überlegen. Den Wald fand er sehr fremd und nicht mehr ver-
wandt. Viele Tage ging er, ganz hinauf in die Wildnis, denn

er wollte sehen, wie weit er abhängig war und wieviel noch in ihm war, daß er's aushielte. Aber es war nicht mehr viel. *Trinkt.*

BAAL *unruhig:* So ein Wind! Und wir müssen heut nacht noch fort, Ekart.

DER BETTLER Ja, der Wind. An einem Abend, um die Dämmerung, als er nicht mehr so allein war, ging er durch die große Stille zwischen die Bäume und stellte sich unter einen von ihnen, der sehr groß war. *Trinkt.*

BOLLEBOLL Das war der Affe in ihm.

DER BETTLER Ja, vielleicht der Affe. Er lehnte sich an ihn, ganz nah, fühlte das Leben in ihm, oder meinte es und sagte: Du bist höher als ich und stehst fest und du kennst die Erde bis tief hinunter und sie hält dich. Ich kann laufen und mich besser bewegen, aber ich stehe nicht fest und kann nicht in die Tiefe und nichts hält mich. Auch ist mir die große Ruhe über den stillen Wipfeln im unendlichen Himmel unbekannt. *Trinkt.*

GOUGOU Was sagte der Baum?

DER BETTLER Ja. Der Wind ging. Durch den Baum lief ein Zittern, der Mann fühlte es. Da warf er sich zu Boden, umschlang die wilden und harten Wurzeln und weinte bitterlich. Aber er tat es mit vielen Bäumen.

EKART Wurde er gesund?

DER BETTLER Nein. Aber er starb leichter.

MAJA Das versteh ich nicht.

DER BETTLER Nichts versteht man. Aber manches fühlt man. Geschichten, die man versteht, sind nur schlecht erzählt.

BOLLEBOLL Glaubt ihr an Gott?

BAAL *mühsam:* Ich glaubte immer an mich. Aber man kann Atheist werden.

BOLLEBOLL *lacht schallend:* Jetzt werde ich lustig! Gott! Champagner! Liebe! Wind und Regen! *Greift nach Maja.*

MAJA Laß mich! Du stinkst aus dem Mund!

BOLLEBOLL Und hast du keine Syphilis? *Nimmt sie auf den Schoß.*

DER BETTLER Hüte dich! *Zu Bolleboll:* Ich werde nach und nach betrunken. Und du kannst heute nicht in den Regen hinaus, wenn ich ganz betrunken bin.

GOUGOU *zu Ekart:* Er war hübscher, und darum bekam er sie.

EKART Und Ihre geistige Überlegenheit? Ihr seelisches Übergewicht?

GOUGOU Sie war nicht so. Sie war ganz unverdorben.

EKART Und was taten Sie?

GOUGOU Ich schämte mich.

BOLLEBOLL Horcht! Der Wind! Er bittet Gott um Ruhe.

MAJA *singt:*

Eiapopeia, 's geht draußen der Wind
Während wir warm und betrunken sind.

BAAL Was ist das für ein Kind?

MAJA Meine Tochter, gnädiger Herr.

DER BETTLER Eine virgo dolorosa!

BAAL *trinkt:* Das war früher, Ekart. Ja. Das war auch schön.

EKART Was?

BOLLEBOLL Das hat er vergessen.

BAAL Frü – her, was für ein merkwürdiges Wort!

GOUGOU *zu Ekart:* Das Schönste ist das Nichts.

BOLLEBOLL Pst! Jetzt kommt Gougous Arie! Der Madensack singt!

GOUGOU Es ist wie zitternde Luft an Sommerabenden, Sonne. Aber es zittert nicht. Nichts. Gar nichts. Man hört einfach auf. Wind geht, man friert nimmer. Regen geht, man wird nimmer naß. Witze passieren, man lacht nicht mit. Man verfault, man braucht nicht zu warten. Generalstreik.

DER BETTLER Das ist das Paradies der Hölle!

GOUGOU Ja, das ist das Paradies. Es bleibt kein Wunsch unerfüllt. Man hat keinen mehr. Es wird einem alles abgewöhnt. Auch die Wünsche. So wird man frei.

MAJA Und was kommt am Schluß?

GOUGOU *grinst:* Nichts. Gar nichts. Es kommt kein Schluß. Nichts dauert ewig.

BOLLEBOLL Amen.

BAAL *ist aufgestanden, zu Ekart:* Ekart, steh auf! Wir sind unter Mörder gefallen. *Hält sich an Ekart, um die Schultern.* Das Gewürm bläht sich. Die Verwesung kriecht heran. Die Würmer singen und preisen sich an.

EKART Das ist jetzt das zweitemal bei dir. Ob es vom Trinken allein kommt?

BAAL Hier werden meine Gedärme demonstriert... Das ist kein Schlammbad.

EKART Setz dich! Trink dich voll! Wärm dich!

MAJA *singt etwas betrunken:*

Sommer und Winter, Regen und Schnee –
Sind wir besoffen, tut nichts mehr weh.

BOLLEBOLL *hat Maja gefaßt, balgt:* Die Arie kitzelt mich immer so, kleiner Gougou ... Bitzebitze, Majachen.

DAS KIND *weint.*

BAAL *trinkt:* Wer sind Sie? *Gereizt zu Gougou:* Madensack heißen Sie. Sie sind Todeskandidat? Prost! *Setzt sich.*

DER BETTLER Nimm dich in acht, Bolleboll! Ich vertrage Champagner nicht so gut.

MAJA *an Bolleboll, singt:*

Zu deine Äuglein, Schauen ist schwer.
Komm, wir gehn schlafen, jetzt spürst du's nicht mehr.

BAAL *brutal:*
Schwimmst du hinunter mit Ratten im Haar:
Der Himmel drüber bleibt wunderbar.

Steht auf, die Tasse in der Hand. Schwarz ist der Himmel. Warum bist du erschrocken? *Trommelt auf den Tisch.* Man muß das Karussell aushalten. Es ist wunderbar. *Schwankt.* Ich will ein Elefant sein, der im Zirkus Wasser läßt, wenn nicht alles schön ist . . . *Fängt an zu tanzen, singt:* Tanz mit dem Wind, armer Leichnam, schlaf mit der Wolke, verkommener Gott! *Er kommt schwankend zum Tisch.*

EKART *betrunken, ist aufgestanden:* Jetzt gehe ich nicht mehr mit dir. Ich habe auch eine Seele. Du hast meine Seele verdorben. Du verdirbst alles. Auch fange ich jetzt dann mit meiner Messe an.

BAAL Ich liebe dich, Prost!

EKART Ich gehe aber nicht mehr mit dir! *Setzt sich.*

DER BETTLER *zu Bolleboll:* Hände weg, du Schwein!

MAJA Was geht das dich an?

DER BETTLER Sei du still, du Armselige!

MAJA Irrsinniger, du spinnst ja!

BOLLEBOLL *giftig:* Schwindel! Er hat gar keine Krankheit. Das ist es! Es ist alles Schwindel!

DER BETTLER Und du hast den Krebs!

BOLLEBOLL *unheimlich ruhig:* Ich habe den Krebs?

DER BETTLER *feig:* Ich habe gar nichts gesagt. Laß du das Ding in Ruh!

MAJA *lacht.*

BAAL Warum weint das? *Trollt sich zur Kiste hinter.*

DER BETTLER *bös:* Was willst du von dem?

BAAL *beugt sich über die Kiste:* Warum weinst du? Hast du's noch nie gesehen? Oder weinst du jedesmal wieder?

DER BETTLER Lassen Sie das, Mann! *Wirft seine Tasse auf Baal.*

MAJA *springt auf:* Du Schwein!

BOLLEBOLL Er will ihm nur unters Hemd schauen.

BAAL *steht langsam auf:* Oh, ihr Säue! Ihr kennt das Menschliche nicht mehr! Komm, Ekart, wir wollen uns im Fluß waschen!

Ab mit Ekart.

Baal. Ekart.

BAAL *sitzt im Laubwerk:* Das Wasser ist warm. Auf dem Sand liegt man wie Krebse. Dazu das Buschwerk und die weißen Wolken am Himmel. Ekart!

EKART *verborgen:* Was willst du?

BAAL Ich liebe dich.

EKART Ich liege zu gut.

BAAL Hast du die Wolken vorhin gesehen?

EKART Ja. Sie sind schamlos. *Stille.* Vorhin ging ein Weib drüben vorbei.

BAAL Ich mag kein Weib mehr ...

LANDSTRASSE. WEIDEN

Wind. Nacht. Ekart schläft im Gras.

BAAL *über die Felder her, wie trunken, die Kleider offen, wie ein Schlafwandelnder:* Ekart! Ekart! Ich hab's. Wach auf!

EKART Was hast du? Redest du wieder im Schlaf?

BAAL *setzt sich zu ihm:* Das da:

Als sie ertrunken war und hinunterschwamm
Von den Bächen in die größeren Flüsse
Schien der Opal des Himmels sehr wundersam
Als ob er die Leiche begütigen müsse.

Tang und Algen hielten sich an ihr ein
So daß sie langsam viel schwerer ward
Kühl die Fische schwammen an ihrem Bein:
Pflanzen und Tiere beschwerten noch ihre letzte Fahrt.

Und der Himmel ward abends dunkel wie Rauch
Und hielt nachts mit den Sternen das Licht in Schwebe
Aber früh ward er hell, daß es auch
Noch für sie Morgen und Abend gebe.

Als ihr bleicher Leib im Wasser verfaulet war
Geschah es, sehr langsam, daß Gott sie allmählich vergaß:
Erst ihr Gesicht, dann die Hände und ganz zuletzt erst ihr
        Haar.
Dann ward sie Aas in Flüssen mit vielem Aas.

Wind.

EKART Geht es schon um, das Gespenst? Es ist nicht so schlecht
   wie du. Nur der Schlaf ist beim Teufel, und der Wind orgelt
   wieder in den Weidenstrunken. Bleibt also wieder die weiße
   Brust der Philosophie, Finsternis, Nässe bis an unser seliges
   Ende und selbst von alten Weibern nur das zweite Gesicht.
BAAL Bei dem Wind braucht man keinen Schnaps und ist so be-
   soffen. Ich sehe die Welt in mildem Licht: sie ist das Exkre-
   ment des lieben Gottes.
EKART Des lieben Gottes, der sich durch die Verbindung von
   Harnrohr und Geschlechtsglied hinlänglich ein für allemal
   gekennzeichnet hat.
BAAL *liegt:* Das alles ist so schön.
Wind.
EKART Die Weiden sind wie verfaulte Zahnstumpen in dem
   schwarzen Maul, das der Himmel hat. – Jetzt fange ich bald
   mit meiner Messe an.
BAAL Ist das Quartett schon fertig?
EKART Wo sollte ich die Zeit hernehmen?

Wind.

BAAL Da ist eine rothaarige, bleiche; die ziehst du herum.

EKART Sie hat einen weichen, weißen Leib und kommt mittags damit in die Weiden. Die haben hängende Zweige wie Haare und darinnen v....n wir wie die Eichkatzen.

BAAL Ist sie schöner als ich?

Dunkel. Der Wind orgelt weiter.

JUNGE HASELSTRÄUCHER

Lange rote Ruten, die niederhängen. Darinnen sitzt Baal. Mittag.

BAAL Ich werde sie einfach befriedigen, die weiße Taube... *Betrachtet den Platz:* An der Stelle sieht man die Wolken schön durch die Weidenzweige... Wenn er dann kommt, sieht er nur mehr die Haut. Ich hab diese Liebschaften bei ihm satt. Schweig still, meine liebe Seele!

JUNGES WEIB *aus dem Dickicht, rotes Haar, voll, bleich.*

BAAL *schaut nicht um:* Bist du das?

DAS JUNGE WEIB Wo ist Ihr Freund?

BAAL Er macht eine Messe in es-Moll.

DAS JUNGE WEIB Sagen Sie ihm, daß ich da war!

BAAL Er wird zu durchsichtig. Er befleckt sich. Er fällt zurück in die Zoologie. Setzen Sie sich! *Er schaut um.*

DAS JUNGE WEIB Ich will lieber stehen.

BAAL *zieht sich an den Weidenruten hoch:* Er ißt zuviel Eier in der letzten Zeit.

DAS JUNGE WEIB Ich liebe ihn.

BAAL Was gehen Sie mich an! *Faßt sie.*

DAS JUNGE WEIB Langen Sie mich nicht an! Sie sind mir zu schmutzig.

68

BAAL *langt ihr langsam an die Kehle:* Das ist Ihr Hals? Wissen Sie, wie man Tauben still macht oder Wildenten im Gehölz?

DAS JUNGE WEIB Jesus Maria! *Zerrt.* Lassen Sie mich in Ruh!

BAAL Mit Ihren schwachen Knien? Sie fallen ja um. Sie wollen ja zwischen die Weiden gelegt werden. Mann ist Mann, darin gleichen sich die meisten. *Nimmt sie in die Arme.*

DAS JUNGE WEIB *zittert:* Bitte, lassen Sie mich los! Bitte!

BAAL Eine schamlose Wachtel! Her damit! Rettungstat eines Verzweifelten! *Faßt sie an beiden Armen, schleift sie ins Gebüsch.*

AHORN IM WIND

Bewölkter Himmel. Baal und Ekart, in den Wurzeln sitzend.

BAAL Trinken tut not, Ekart, hast du noch Geld?

EKART Nein. Sieh dir den Ahorn im Wind an!

BAAL Er zittert.

EKART Wo ist das Mädel, das du in den Schenken herumgezogen hast?

BAAL Werd ein Fisch und such sie.

EKART Du überfrißt dich, Baal. Du wirst platzen.

BAAL Den Knall möcht ich noch hören.

EKART Schaust du nicht manchmal auch in ein Wasser, wenn es schwarz und tief ist und noch ohne Fisch. Fall nie hinein. Du mußt dich in acht nehmen. Du bist so sehr schwer, Baal.

BAAL Ich werde mich vor jemand anderem in acht nehmen. Ich habe ein Lied gemacht. Willst du es hören?

EKART Lies es, dann kenne ich dich.

BAAL Es heißt: Der Tod im Wald.

Und ein Mann starb im ewigen Wald
Wo ihn Sturm und Strom umbrauste.
Starb wie ein Tier in Wurzeln eingekrallt
Schaute hoch in die Wipfel, wo über dem Wald
Sturm seit Tagen ohne Aufhörn sauste.

Und es standen einige um ihn
Und sie sagten, daß er stiller werde:
Komm, wir tragen dich jetzt heim, Gefährte!
Aber er stieß sie mit seinen Knien
Spuckte aus und sagte: Und wohin?
Denn er hatte weder Heim noch Erde.

Wieviel Zähne hast du noch im Maul?
Und wie ist das sonst mit dir, laß sehn!
Stirb ein wenig ruhiger und nicht so faul!
Gestern abend aßen wir schon deinen Gaul.
Warum willst du nicht zur Hölle gehn?

Und der Wald war laut um ihn und sie.
Und sie sahn ihn sich am Baume halten
Und sie hörten, wie er ihnen schrie.
Und es graute ihnen so wie nie
Daß sie zitternd ihre Fäuste ballten:
Denn er war ein Mann wie sie.

Unnütz bist du, räudig, toll, du Tier!
Eiter bist du, Dreck, du Lumpenhaufen!
Luft schnappst du uns weg mit deiner Gier
Sagten sie. Und er, er, das Geschwür:
Leben will ich! Eure Sonne schnaufen!
Und im Lichte reiten so wie ihr!

Das war etwas, was kein Freund verstand
Daß sie zitternd vor dem Ekel schwiegen.

Ihm hielt Erde seine nackte Hand
Und von Meer zu Meer im Wind liegt Land:
Und ich muß hier unten stille liegen.

Ja, des armen Lebens Übermaß
Hielt ihn so, daß er auch noch sein Aas
Seinen Leichnam in die Erde preßte;
In der frühen Dämmrung fiel er tot ins dunkle Gras.
Voll von Ekel gruben sie ihn, kalt von Haß
In des Baumes unterstes Geäste.

Und sie ritten stumm aus dem Dickicht.
Und sie sahn noch nach dem Baume hin
Unter den sie eingegraben ihn
Dem das Sterben allzu bitter schien:
Der Baum war oben voll Licht.
Und sie bekreuzten ihr junges Gesicht
Und sie ritten schnell in die Prärien.

EKART Ja. Ja. So weit ist es jetzt wohl gekommen.
BAAL Wenn ich nachts nicht schlafen kann, schaue ich die Sterne
an. Das ist geradeso.
EKART So?
BAAL *mißtrauisch:* Aber das tue ich nicht oft. Sonst schwächt es.
EKART *nach einer Weile:* In der letzten Zeit hast du viel Lyrik
gemacht. Du hast wohl schon lange kein Weib mehr gehabt?
BAAL Warum?
EKART Ich dachte es mir. Sage nein.
BAAL *steht auf, streckt sich, schaut in den Wipfel des Ahorns,
lacht.*

*Abend. Ekart. Die Kellnerin. Watzmann. Johannes, abgerissen,
in schäbigem Rock mit hochgeschlagenem Kragen, hoffnungslos
verkommen. Die Kellnerin hat die Züge Sophiens.*

EKART Jetzt sind es acht Jahre.
Sie trinken. Wind geht.
JOHANNES Mit fünfundzwanzig ginge das Leben erst an. Da
werden sie breiter und haben Kinder.
Stille.
WATZMANN Seine Mutter ist gestern gestorben. Er läuft herum,
Geld zu leihen für die Beerdigung. Damit kommt er hier-
her. Dann können wir die Schnäpse bezahlen. Der Wirt ist
anständig; er gibt Kredit auf eine Leiche, die eine Mutter
war. *Trinkt.*
JOHANNES Baal! Der Wind geht nimmer in sein Segel!
WATZMANN *zu Ekart:* Du hast wohl viel mit ihm auszuhalten?
EKART Man kann ihm nicht ins Gesicht spucken: Er geht unter.
WATZMANN *zu Johannes:* Tut dir das weh? Beschäftigt es dich?
JOHANNES Es ist schade um ihn, sage ich euch. *Trinkt.*
Stille.
WATZMANN Er wird immer ekelhafter.
EKART Sage das nicht. Ich will das nicht hören: Ich liebe ihn.
Ich nehme ihm nie irgendwas übel. Weil ich ihn liebe. Er ist
ein Kind.
WATZMANN Er tut immer nur, was er muß. Weil er so faul ist.
EKART *tritt in die Tür:* Es ist eine ganz milde Nacht. Der Wind
warm. Wie Milch. Ich liebe das alles. Man sollte nie trinken.
Oder nicht so viel. *Zum Tisch zurück.* Die Nacht ist ganz
mild. Jetzt und noch drei Wochen in den Herbst hinein kann
man gut auf den Straßen leben. *Setzt sich.*
WATZMANN Willst du heut nacht fort? Du willst ihn wohl los-
haben? Er liegt dir am Hals?

JOHANNES Du mußt Obacht geben!

BAAL *tritt langsam in die Tür.*

WATZMANN Bist du das, Baal?

EKART *hart:* Was willst du schon wieder?

BAAL *herein, setzt sich:* Was ist das für ein armseliges Loch geworden! *Die Kellnerin bringt Schnaps.*

WATZMANN Hier hat sich nichts verändert. Nur du bist, scheint's, feiner geworden.

BAAL Bist du das noch, Luise?
Stille.

JOHANNES Ja. Hier ist es gemütlich. – Ich muß nämlich trinken, viel trinken. Das macht stark. Man geht auch dann noch über Messer in die Hölle, zugegeben. Aber doch anders. So, wie wenn einem die Knie einsänken, wißt ihr: nachgiebig! So: daß man's gar nicht spürt, die Messer. Mit federnden Kniekehlen. Übrigens, früher hatte ich nie solche Einfälle, so schnurrige, als es mir gut ging, in den bürgerlichen Verhältnissen. Erst jetzt habe ich Einfälle, wo ich Genie geworden bin. Hm.

EKART *bricht aus:* Ich will jetzt wieder in den Wäldern sein, in der Frühe! Das Licht ist zitronenfarben zwischen den Stämmen! Ich will wieder in die Wälder hinauf.

JOHANNES Ja, das versteh ich nicht, Baal, du mußt noch einen Schnaps zahlen. Hier ist es wirklich gemütlich.

BAAL Einen Schnaps dem –

JOHANNES Keine Namen! Man kennt sich. Weißt du, nachts träume ich mitunter so schauerliches Zeug. Aber nur mitunter. Jetzt ist es sehr gemütlich.
Wind geht. Sie trinken.

WATZMANN *summt:*

Es gibt noch Bäume in Mengen
Schattig und durchaus kommun –
Um oben sich aufzuhängen
Oder unten sich auszuruhn.

BAAL Wo war das nur schon so? Das war schon einmal so.

JOHANNES Sie schwimmt nämlich immer noch. Niemand hat sie gefunden. Ich habe die Empfindung nur manchmal, wißt ihr, als schwimme sie mir in dem vielen Schnaps die Gurgel hinunter, eine ganz kleine Leiche, halb verfault. Und sie war doch schon siebzehn. Jetzt hat sie Ratten und Tang im grünen Haar, steht ihr nicht übel ... ein bißchen verquollen und weißlich, gefüllt mit stinkendem Flußschlamm, ganz schwarz. Sie war immer so reinlich. Darum ging sie auch in den Fluß und wurde stinkend.

WATZMANN Was ist Fleisch? Es zerfällt wie Geist. Meine Herrn, ich bin vollständig besoffen. Zwei mal zwei ist vier. Ich bin also nicht besoffen. Aber ich habe Ahnungen von einer höheren Welt. Beugt euch, seid de – demütig! Legt den alten Adam ab. *Trinkt zittrig und heftig.* Ich bin noch nicht ganz herunten, solange ich noch meine Ahnung habe, und ich kann noch gut ausrechnen, daß zwei mal zwei ... Was ist doch zwei, zw – ei für ein komisches Wort! Zwei! *Setzt sich.*

BAAL *langt nach der Klampfe und zerschlägt damit das Licht:* Jetzt singe ich. *Singt:*

Von Sonne krank und ganz von Regen zerfressen
Geraubten Lorbeer im zerrauften Haar
Hat er seine ganze Jugend, nur nicht ihre Träume vergessen
Lange das Dach! nie den Himmel, der drüber war.

Meine Stimme ist nicht ganz glockenrein. *Stimmt die Klampfe.*

EKART Sing weiter, Baal!

BAAL *singt weiter:*

O ihr, die ihr aus Himmel und Hölle vertrieben!
Ihr Mörder, denen viel Leides geschah!
Warum seid ihr nicht im Schoß eurer Mütter geblieben?
Wo es stille war und man schlief und war da ...

74

Die Gitarre stimmt auch nicht.

WATZMANN Das ist ein gutes Lied. Ganz mein Fall! Romantik!

BAAL *singt weiter:*

Er aber sucht noch in absynthenen Meeren
Wenn ihn schon seine Mutter vergißt
Grinsend und fluchend und zuweilen nicht ohne Zähren
Immer das Land, wo es besser zu leben ist.

WATZMANN Ich finde schon mein Glas nicht mehr. Der Tisch
wackelt blödsinnig. Macht doch Licht. Wie soll da einer sein
Maul finden!

EKART Blödsinn! Siehst du was, Baal?

BAAL Nein. Ich will nicht. Es ist schön im Dunkeln. Mit dem
Champagner im Leib und mit Heimweh ohne Erinnerung.
Bist du mein Freund, Ekart?

EKART *mühsam:* Ja, aber sing!

BAAL *singt:*

Schlendernd durch Höllen und gepeitscht durch Paradiese
Still und grinsend, vergehenden Gesichts
Träumt er gelegentlich von einer kleinen Wiese
Mit blauem Himmel drüber und sonst nichts.

JOHANNES Jetzt bleibe ich immer bei dir. Du kannst mich gut
mitnehmen. Ich esse fast nicht mehr.

WATZMANN *hat mühsam Licht angezündet:* Es werde Licht.
Hehehehe.

BAAL Das blendet. *Steht auf.*

EKART *mit der Kellnerin auf dem Schoß, steht mühsam auf,
versucht, ihren Arm von seinem Hals zu lösen:* Was hast du
denn? Das ist doch nichts. Es ist lächerlich.

BAAL *duckt sich zum Sprung.*

EKART Du bist doch nicht auf die da eifersüchtig?

BAAL *tastet sich vor, ein Becher fällt.*

EKART Warum soll ich keine Weiber haben?

BAAL *sieht ihn an.*

EKART Bin ich dein Geliebter?

BAAL *wirft sich auf ihn, würgt ihn.*
Das Licht erlischt. Watzmann lacht betrunken, die Kellnerin
schreit. Andere Gäste aus dem Nebenzimmer herein mit
Lampe.

WATZMANN Er hat ein Messer.

DIE KELLNERIN Er mordet ihn. Jesus Maria!

ZWEI MÄNNER *werfen sich auf die Ringenden:* Zum Teufel,
Mensch! Loslassen! – Der Kerl hat gestochen, Himmel Herr-
gott!

BAAL *erhebt sich. Dämmerung bricht plötzlich herein, die*
Lampe erlischt: Ekart!

10° Ö. L. VON GREENWICH

Wald. Baal mit Klampfe, Hände in Hosentaschen, sich ent-
fernend.

BAAL Der bleiche Wind in den schwarzen Bäumen! Die sind
wie die nassen Haare Lupus. Gegen 11 Uhr kommt der
Mond. Dann ist es hell genug. Das ist ein kleiner Wald. Ich
trolle mich in die großen hinunter. Ich laufe auf dicken Sohlen, seit ich wieder allein in meiner Haut bin. Ich muß mich
nach Norden halten. Nach den Rippseiten der Blätter. Ich
muß die kleine Affäre im Rücken lassen. Weiter! *Singt:*

Zu den feisten Geiern blinzelt Baal hinauf
Die im Sternenlichte warten auf den Leichnam Baal.

Entfernt sich.

Manchmal stellt sich Baal tot. Stürzt ein Geier drauf
Speist Baal einen Geier, stumm, zum Abendmahl.

Windstoß.

LANDSTRASSE

*Abend. Wind. Regenschauer. Zwei Landjäger kämpfen gegen
den Wind an.*

ERSTER LANDJÄGER Der schwarze Regen und dieser Aller-
seelenwind! Dieser verfluchte Strolch!

ZWEITER LANDJÄGER Er scheint mir immer mehr gegen Norden den Wäldern zuzulaufen. Dort oben findet ihn keine
Menschenseele mehr.

ERSTER LANDJÄGER Was ist er eigentlich?

ZWEITER LANDJÄGER Vor allem: Mörder. Zuvor Varietéschau-
spieler und Dichter. Dann Karussellbesitzer, Holzfäller,
Liebhaber einer Millionärin, Zuchthäusler und Zutreiber.
Bei seinem Mord faßten sie ihn, aber er hat Kräfte wie ein
Elefant. Es war wegen einer Kellnerin, einer eingeschriebe-
nen Dirne. Wegen der erstach er seinen besten Jugendfreund.

ERSTER LANDJÄGER So ein Mensch hat gar keine Seele. Der gehört zu den wilden Tieren.

ZWEITER LANDJÄGER Dabei ist er ganz kindisch. Alten Weibern schleppt er Holz, daß man ihn fast erwischt. Er hatte
nie was. Die Kellnerin war das letzte. Darum erschlug er
wohl auch seinen Freund, eine übrigens ebenfalls zweifel-
hafte Existenz.

ERSTER LANDJÄGER Wenn nur wo Schnaps zu haben wäre oder ein Weib! Gehen wir! Hier ist es unheimlich. Und da rührt sich was! *Beide ab.*

BAAL *aus dem Gebüsch mit Pack und Klampfe. Pfeift durch die Zähne:* Tot also? Armes Tierchen! Mir in den Weg zu laufen! Jetzt wird es interessant. *Hinter den beiden her. Wind.*

BRETTERHÜTTE IM WALD

Nacht. Wind. Baal auf schmutzigem Bett. Männer karten und trinken.

EIN MANN *bei Baal:* Was willst du? Du pfeifst ja auf dem letzten Loch. Das sieht ja ein Kind, und wer interessiert sich für dich? Hast du jemand? Na also! Na also! Zähne zusammen! Hast du noch Zähne? Mitunter beißen Burschen ins Gras, die noch Spaß an vielerlei hätten, Milliardäre! Aber du hast ja nicht einmal Papiere. Habe keine Angst: Die Welt rollt weiter, kugelrund, morgen früh pfeift der Wind. Stelle dich doch auf einen etwas überlegeneren Standpunkt. Denke dir: Eine Ratte verreckt. Na also! Nur nicht aufmucksen! Du hast keine Zähne mehr.

DIE MÄNNER Schifft es immer noch? Wir werden die Nacht bei dem Leichnam bleiben müssen. – Maul halten! Trumpf! – Gibt's noch Luft für dich, Dicker? Sing eins! »Als im weißen Mutterschoße . . .« – Laß ihn: Er ist ein kalter Mann, bevor der schwarze Regen aufhört. Spiel weiter! – Er hat gesoffen wie ein Loch, aber es ist etwas in dem bleichen Kloß, daß man an sich denkt. Dem ist das nicht in die Wiege gesungen worden. – Eichelzehner! Haltet doch euren Rand, meine

Herren! Das ist kein solides Spiel; wenn Sie nicht mehr Ernst haben, geht kein vernünftiges Spiel zusammen.

Stille, nur mehr Flüche.

BAAL Wieviel Uhr ist es?

DER EINE MANN Elf. Gehst du fort?

BAAL Bald. Wege schlecht?

DER EINE MANN Regen.

DIE MÄNNER *stehen auf:* Jetzt hat der Regen aufgehört. Es ist Zeit. – Es wird alles tropfnaß sein. – Der Bursche braucht wieder nichts zu tun. *Sie nehmen die Äxte auf.*

EINER *vor Baal stehenbleibend, spuckt aus:* Eine gute Nacht und auf Wiedersehn. Wirst du abkratzen?

ANDERER Wirst du ins Gras beißen? Inkognito?

DRITTER Mit dem Stinken könntest du es dir morgen ein wenig einteilen. Wir schlagen bis Mittag und wollen dann essen.

BAAL Könnt ihr nicht noch etwas dableiben?

ALLE *in großem Gelächter:* Sollen wir Mama spielen? Willst du Schwanengesang von dir geben? – Willst du beichten, du Schnapsbehälter? – Kannst du nicht allein speien?

BAAL Wenn ihr noch dreißig Minuten bliebet.

ALLE *in großem Gelächter:* Weißt du was? Verreck allein! – Vorwärts jetzt! Es ist ganz windstill. – Was ist mit dir?

DER EINE MANN Ich komme nach.

BAAL Es kann nicht länger dauern, meine Herren. *Gelächter.* Sie werden nicht gerne allein sterben, meine Herren! *Gelächter.*

ANDERER MANN Altes Weib! Da hast du was zum Andenken! *Spuckt ihm ins Gesicht.*

Alle der Tür zu.

BAAL Zwanzig Minuten!

Die Männer durch die offene Tür ab.

DER EINE MANN *in der Tür:* Sterne.

BAAL Wisch den Speichel weg!

DER EINE MANN *zu ihm:* Wo?

BAAL Auf der Stirn.

DER EINE MANN So. Warum lachst du?

BAAL Es schmeckt mir.

DER EINE MANN *empört:* Du bist eine völlig erledigte Angelegenheit. Addio! *Mit der Axt zur Tür.*

BAAL Danke.

DER EINE MANN Kann ich noch etwas für dich ... aber ich muß an die Arbeit. Kruzifix. Leichname!

BAAL Du! Komm näher! *Der eine Mann beugt sich.* Es war sehr schön ...

DER EINE MANN Was, du irrsinniges Huhn, wollte sagen: Kapaun?

BAAL Alles.

DER EINE MANN Feinschmecker! *Lacht laut, ab; die Tür bleibt auf, man sieht blaue Nacht.*

BAAL *unruhig:* Du! Mann!

DER EINE MANN *im Fenster:* Heh?

BAAL Gehst du?

DER EINE MANN An die Arbeit!

BAAL Wohin?

DER EINE MANN Was geht das dich an?

BAAL Wieviel ist es?

DER EINE MANN Elf und ein Viertel. *Ab.*

BAAL Der ist beim Teufel.

Stille.

Eins, zwei, drei, vier, fünf, sechs. Das hilft nichts.

Stille.

Mama! Ekart soll weggehen, der Himmel ist auch so verflucht nah da, zum Greifen, es ist alles wieder tropfnaß. Schlafen. Eins. Zwei. Drei. Vier. Man erstickt hier ja. Draußen muß es hell sein. Ich will hinaus. *Hebt sich.* Ich werde hinausgehen. Lieber Baal. *Scharf:* Ich bin keine Ratte. Es muß draußen hell sein. Lieber Baal. Zur Tür kommt man noch. Knie hat man noch, in der Tür ist es besser. Verflucht! Lieber Baal! *Er kriecht auf allen vieren zur Schwelle.* Sterne ... hm. *Er kriecht hinaus.*

Holzfäller.

EINER Gib mir den Schnaps! Horch du auf die Vöglein!

ANDERER Es gibt einen heißen Tag.

EIN DRITTER Es steht noch ein ganzer Haufen Stämme, die abends liegen müssen.

EIN VIERTER Jetzt wird der Mann wohl schon kalt sein?

DRITTER Ja. Ja. Jetzt ist er schon kalt.

ZWEITER Ja. Ja.

DRITTER Wir könnten jetzt die Eier haben, wenn er sie uns nicht gefressen hätte. Es heißt was: auf dem Totenbett Eier stehlen! Zuerst hat er mich gejammert, aber das ist mir in die Nase gestiegen. Den Schnaps hat er Gott sei Dank die drei Tage lang nicht gerochen. Rücksichtslosigkeit: Eier in einen Leichnam!

ERSTER Er hatte eine Art, sich hinzulegen in den Dreck; dann stand er ja nimmer auf, und das wußte er. Er legte sich wie in ein gemachtes Bett. Sorgfältig! Kannte ihn einer? Wie heißt er? Was hat er getrieben?

VIERTER Wir müssen ihn so begraben. Jetzt gib mir den Schnaps!

DRITTER Ich frage ihn, wie er schon röchelt in der Gurgel hinten: An was denkst du? Ich will immer wissen, was man da denkt. Da sagte er: Ich horche noch auf den Regen. Mir lief eine Gänsehaut über den Buckel. Ich horche noch auf den Regen, sagte er.

Trommeln in der Nacht

Komödie

Glosse für die Bühne:

Diese Komödie wurde in München nach den Angaben Caspar Nehers vor folgenden Kulissen gespielt: Hinter den etwa zwei Meter hohen Pappschirmen, die Zimmerwände darstellten, war die große Stadt in kindlicher Weise aufgemalt. Jeweils einige Sekunden vor dem Auftauchen Kraglers glühte der Mond rot auf. Die Geräusche wurden dünn angedeutet. Die Marseillaise wurde im letzten Akt durch ein Grammophon gespielt. Der dritte Akt kann, wenn er nicht fliegend und musikalisch wirkt und das Tempo beschwingt, ausgelassen werden. Es empfiehlt sich, im Zuschauerraum einige Plakate mit Sprüchen wie »Glotzt nicht so romantisch« aufzuhängen.

Personen

Andreas Kragler · Anna Balicke · Karl Balicke, ihr Vater · Amalie Balicke, ihre Mutter · Friedrich Murk, ihr Verlobter · Babusch, Journalist · Zwei Männer · Picadillybarmanke, Kellner · Zibebenmanke, sein Bruder, Kellner · Glubb, der Schnapshändler · Der besoffene Mensch · Bulltrotter, ein Zeitungskolporteur · Ein Arbeiter · Laar, ein Bauer · Auguste, Marie – Prostituierte · Ein Dienstmädchen · Eine Zeitungsfrau

Die Brüder Manke werden vom gleichen Schauspieler gespielt.

Erster Akt

(AFRIKA)

Bei Balicke

Dunkle Stube mit Mullgardinen. Es ist Abend.

BALICKE *rasiert sich am Fenster:* Jetzt sind es vier Jahre her, daß er vermißt wird. Jetzt kommt er nie wieder. Die Zeiten sind verflucht unsicher. Jeder Mann wiegt Gold. Ich hätte schon vor zwei Jahren meinen Segen gegeben. Eure verfluchte Sentimentalität hat mich damals über die Ohren gehauen. Jetzt ginge ich über Leichen.

FRAU BALICKE *vor der Wandfotografie Kraglers als Artillerist:* Es war ein so guter Mensch. Es war ein so kindlicher Mensch.

BALICKE Jetzt ist er verfault.

FRAU BALICKE Wenn er wiederkommt!

BALICKE Aus dem Himmel kommt keiner wieder.

FRAU BALICKE Bei allen himmlischen Heerscharen, die Anna ginge ins Wasser!

BALICKE Wenn sie das sagt, ist sie eine Gans, und ich habe noch keine Gans im Wasser gesehen.

FRAU BALICKE Sie speit sowieso in einem fort.

BALICKE Sie soll nicht soviel Brombeeren und Bismarckheringe hineinessen! Dieser Murk ist ein feiner Bursche, für den können wir Gott auf den Knien danken.

FRAU BALICKE Geld verdient er ja. Aber gegen den andern! Mir steht das Wasser in den Augen.

BALICKE Gegen den Leichnam? Ich sage dir: Jetzt oder nie! Wartet sie auf den Papst? Muß es ein Neger sein? Ich habe den Roman satt.

FRAU BALICKE Und wenn er kommt, der Leichnam, der jetzt faul, wie du sagst, aus dem Himmel oder aus der Hölle –

Mein Name ist Kragler –, wer sagt ihm dann, daß er eine Leiche ist und die Seine einem andern im Bett liegt?

BALICKE Ich sag es ihm! Und jetzt sagst du dem Ding, daß ich es satt habe und der Hochzeitsmarsch geblasen wird und daß der Murk es ist. Sag ich es, setzt sie uns unter Wasser. Also zünd mal jetzt gefälligst Licht an!

FRAU BALICKE Ich hole das Pflaster. Du schneidest dich immer ohne Licht.

BALICKE Schneiden kostet nichts, aber Licht. *Ruft hinaus:* Anna!

ANNA *in der Tür:* Was hast du denn, Vater?

BALICKE Hör mal gefälligst deiner Mutter zu, und daß du nicht heulst an deinem Ehrentag!

FRAU BALICKE Komm her, Anna! Vater meint, du siehst so blaß aus, als schläfst du keine Nacht mehr.

ANNA Ich schlafe doch.

FRAU BALICKE Schau, so kann es nicht ewig fortgehen. Jetzt kommt er doch nie mehr. *Zündet Kerzen an.*

BALICKE Jetzt macht sie wieder Augen wie ein Krokodil!

FRAU BALICKE Es war ja nicht leicht für dich, und das war ein guter Mensch, aber jetzt ist er gestorben.

BALICKE Begraben und verfault!

FRAU BALICKE Karl! Und da ist der Murk, das ist ein tüchtiger Mensch, der auf einen grünen Zweig kommt!

BALICKE Na also!

FRAU BALICKE Und da sollst du halt in Gottes Namen Ja sagen.

BALICKE Also mach du nur keine Oper!

FRAU BALICKE Du sollst ihn halt in Gottes Namen nehmen!

BALICKE *wütend mit dem Heftpflaster beschäftigt:* Ja, zum Kreuzteufel, meinst du denn, die Burschen lassen mit sich Fußball spielen? Ja oder nein! Das Geschiele nach dem Himmel ist Blödsinn!

ANNA Jja, Papa!

BALICKE *empfindlich:* Na, jetzt heul nur gleich los, die Schleusen sind gezogen, ich leg nur noch den Schwimmgürtel um.

FRAU BALICKE Liebst du denn den Murk gar nicht?

BALICKE Also das ist einfach unsittlich!

FRAU BALICKE Karl! Also wie ist's dann mit dem Friedrich, Anna?

ANNA Doch! Aber ihr wißt doch, und mir ist so speiübel.

BALICKE Gar nichts weiß ich! Ich sage dir, der Kerl ist verfault und vermodert, von dem ist nicht mehr ein Knochen beim andern! Vier Jahre! Und kein Lebenszeichen! Und die ganze Batterie gesprengt! in die Luft! zu Fetzen! vermißt! Na, Kunststück, sagen, wo der hingekommen ist! Das ist nur deine verfluchte Angst vor Gespenstern! Schaff dir einen Mann an, und du brauchst Gespenster nachts nicht mehr zu fürchten. *Auf Anna zu, breit.* Bist du ein tapferes Weibs- stück oder nicht?! Na, geh mal her!

Es schellt.

ANNA *erschrocken:* Das ist er!

BALICKE Halt ihn draußen auf und präparier ihn!

FRAU BALICKE *unter der Tür mit Waschkorb:* Hast du denn gar nichts für die Wäsche?

ANNA Ja. Nein. Nein, ich glaube, ich habe nichts . . .

FRAU BALICKE Aber es ist doch schon der achte.

ANNA Schon der achte?

FRAU BALICKE Natürlich der achte!

ANNA Und wenn es jetzt der achtzehnte wäre?

BALICKE Was ist das für ein Geschwätz unter der Tür! Komm herein.

FRAU BALICKE Also schau, daß du was in die Wäsche kriegst! *Ab.*

BALICKE *setzt sich, nimmt Anna auf die Knie:* Sieh, eine Frau ohne Mann, das ist eine gotteslästerliche Budike! Dir fehlt der Bursche, den sie zur großen Armee beförderten, zu- gegeben. Aber weißt du ihn überhaupt noch? Keine Idee, meine Liebe! Sein Tod hat aus ihm einen fürs Jahrmarkts- panoptikum gemacht. Er hat sich drei Jahre lang verschö- nert; wäre er nicht mausetot, wäre er ganz anders, als du meinst! Übrigens ist er verfault und sieht nimmer gut aus! Er hat keine Nase mehr. Aber er fehlt dir! Also nimm einen andern Mann! Natur, siehst du! Du wirst aufwachen wie ein Hase im Krautacker! Du hast doch gesunde Glieder und Appetit! Das ist wahrhaftig nichts Gotteslästerliches, das!

ANNA Aber ich kann ihn nicht vergessen! Nie! Jetzt redet ihr in mich hinein, aber ich kann nicht!

BALICKE Nimm den Murk, der wird dir schon helfen von ihm!

ANNA Ich liebe ihn doch, und einmal werde ich nur mehr ihn lieben, aber jetzt ist es noch nicht.

BALICKE Na, er bringt dich schon rum, er braucht nur gewisse Vollmachten, so was wird am besten in der Ehe geschmissen. Ich kann dir das nicht so erklären, du bist zu jung dazu! *Kitzelt sie.* Also: es gilt?

ANNA *lacht schleckig:* Ich weiß gar nicht, ob der Friedrich will!

BALICKE Frau, Kopf rein!

FRAU BALICKE Bitte, kommen Sie in die Stube, treten Sie gefälligst ein, Herr Murk!

BALICKE Abend, Murk! Na, aussehen tun Sie wie eine Wasserleiche!

MURK Fräulein Anna!

BALICKE Was haben Sie denn? Sind Ihnen die Felle hintergeschwommen? Warum sind Sie so käsig im Gesicht, Mann? Ist es das Schießen in der Abendluft? *Stille.* Na, Anna, traktier ihn! *Breit ab mit der Frau.*

ANNA Was hast du denn, Friedrich? Du bist wirklich bleich!

MURK *schnuppernd:* Den Rotspon braucht er wohl für die Verlobung? *Stille.* War jemand hier? *Auf Anna zu:* War einer hier? Warum wirst du jetzt wie Leinewand? Wer war hier?

ANNA Niemand! Niemand war hier! Was hast du denn?

MURK Warum dann diese Eile? Macht mir nichts weis! Na, mag er! Aber in dieser Budike mache ich keine Verlobung!

ANNA Wer sagt denn was von Verlobung?

MURK Die Alte. Des Herrn Auge machet das Vieh fett! *Geht unruhig herum.* Na ja, und wenn?!

ANNA Überhaupt tust du, als wäre meinen Eltern was daran gelegen! Meinen Eltern ist weiß Gott nichts daran gelegen! Nicht was untern Nagel geht!

MURK Wann bist du eigentlich bei der Erstkommunion gewesen?

ANNA Ich meine nur, daß du dir etwas leicht tust.

MURK Ah so? Der andere?

ANNA Ich habe nichts von dem anderen gesagt.

MURK Aber da hängt er und da ist er und da geht er um!

ANNA Das war ganz anders. Das war, was du nie kapieren kannst, weil das eben geistig war.

MURK Und das zwischen uns, das ist fleischlich?

ANNA Das zwischen uns, das ist nichts!

MURK Aber jetzt! Jetzt ist es was!

ANNA Das weißt du nicht.

MURK Ah, jetzt wird es hier bald andere Töne geben!

ANNA Das glaube nur.

MURK Ich halte ja an!

ANNA Ist das deine Liebeserklärung?

MURK Nein, sie kommt noch.

ANNA Schließlich ist es eine Korbfabrik.

MURK Du bist doch'n Aas! Haben die gestern nacht wieder nichts gerochen?

ANNA O Friedrich! Sie schlafen wie Maulwürfe! *Schmiegt sich an ihn.*

MURK Wir nicht!

ANNA Filou!

MURK *reißt sie an sich, küßt sie aber mit Gelassenheit:* Aas!

ANNA Sei mal still! Da fährt ein Zug durch die Nacht! Hörst du? Ich habe manchmal Angst, er kommt. Das läuft kalt den Rücken hinunter.

MURK Die Mumie? Die nehm ich auf mich. Du, das sag ich dir: der muß raus aus das Geschäft! Keinen kalten Mann im Bett zwischen uns! Ich dulde keinen zweiten neben mir!

ANNA Werd nicht böse! Komm, Friedrich, verzeih mir!

MURK Der heilige Andreas?! Hirngespinst! Das lebt nach unserer Hochzeit so wenig mehr wie nach seinem Begräbnis. Wetten? *Lacht.* Ich wette: ein Kind.

ANNA *verbirgt ihr Gesicht an ihm:* O du, sag so was nicht!

MURK *fidel:* Und ob! *Zur Tür.* Reinspaziert, Mutter! Tag, Vater!

FRAU BALICKE *dicht hinter der Tür:* O Kinder! *Schluchzt los.* So aus dem heitern Himmel!

BALICKE Schwere Geburt, was?

Allgemeine Umarmung mit Rührung.

MURK Zwillinge! Wann machen wir Hochzeit? Zeit ist Geld!

BALICKE In drei Wochen meinetwegen! Die zwei Betten sind in Ordnung. Mutter, Abendbrot!

FRAU BALICKE Gleich, gleich, Mann, laß mich nur erst verschnaufen. *Läuft hinaus.* So aus dem heitern Himmel!

MURK Erlaube, daß ich euch für heute abend zu einer Flasche in die Picadillybar einlade. Ich bin für sofortige Verlobung. Du nicht, Anna?

ANNA Wenn's sein muß!

BALICKE Aber hier doch! Wozu Picadillybar? Hast du Quark im Schädel?

MURK *unruhig:* Hier nicht. Hier absolut nicht!

BALICKE Nanu?!

ANNA Er ist so komisch! Dann kommt eben in die Picadillybar!

BALICKE In dieser Nacht! Man ist seines Lebens nicht sicher!

FRAU BALICKE *mit dem Dienstmädchen herein, auftragend:* Ja, Kinder! Unverhofft kommt oft! Zu Tische, meine Herren! *Fressen.*

BALICKE *hebt sein Glas:* Das Wohl des Brautpaars! *Anstoßend:* Die Zeiten sind unsicher. Der Krieg zu Ende. Das Schweinefleisch ist zu fett, Amalie! Die Demobilisation schwemmt Unordnung, Gier, viehische Entmenschung in die Oasen friedlicher Arbeit.

MURK An Geschoßkörben, prost! Prost, Anna!

BALICKE Unsichere Existenzen mehren sich, dunkle Ehrenmänner. Die Regierung bekämpft zu lau die Aasgeier des Umsturzes. *Entfaltet ein Zeitungsblatt.* Die aufgepeitschten Massen sind ohne Ideale. Das Schlimmste aber, ich kann es hier sagen, die Frontsoldaten, verwilderte, verlotterte, der Arbeit entwöhnte Abenteurer, denen nichts mehr heilig ist. Wahrhaftig eine schwere Zeit, ein Mann ist da Goldes wert, Anna. Halt dich fest an ihn. Seht, daß ihr drüber hinauskommt, aber immer zu zweit, immer drüber hinaus, prost! *Er zieht ein Grammophon auf.*

MURK *trocknet den Schweiß ab:* Bravo! Was ein Mann ist, kommt durch. Ellenbögen muß man haben, genagelte Stiefel muß man haben und ein Gesicht und nicht hinabschauen. Warum nicht, Anna! Ich bin auch von unten. Laufjunge, mechanische Werkstätte, hier ein Kniff, dort ein Kniff, hier was gelernt, dort was. Unser ganzes Deutschland ist so heraufgekommen! Nicht immer Handschuhe an den Händen, aber harte Arbeit immer, weiß Gott! Jetzt oben! Prost, Anna!

Das Grammophon spielt »Ich bete an die Macht der Liebe«.

BALICKE Bravo! Na, was is'n los, Anna?

ANNA *ist aufgestanden, steht halb gewendet:* Ich weiß nicht. Das geht so schnell. Das ist vielleicht nicht so gut, Mutter, wie?

FRAU BALICKE Was ist, Kind? So eine Gans! Freu dich doch! Was wird's nicht gut sein!

BALICKE Setzen! Oder dreh mal das Grammophon an, wenn du schon stehst!

ANNA *setzt sich.*

Pause.

MURK Prost also! *Stößt mit Anna an.* Was hast du denn?

BALICKE Und das mit dem Geschäft, Fritz, mit den Geschoßkörben, das ist jetzt bald faule Sache. Höchstens noch ein paar Wochen Bürgerkrieg, dann Schluß! Ich habe vor, ohne Spaß, das beste: Kinderwägen. Die Fabrik ist in jeder Beziehung in der Höhe. *Er nimmt Murk beim Arm und zieht ihn hinter. Zieht die Vorhänge zurück.* Neubau zwei und Neubau drei. Alles dauerhaft und modern. Anna, zieh das Grammophon auf! Das ergreift mich immer wieder.

Das Grammophon spielt »Deutschland, Deutschland über alles«.

MURK Da steht ein Mann im Fabrikhof, ihr! Was ist das?!

ANNA Das ist so schauerlich, du. Ich glaube, er schaut rauf!

BALICKE Wahrscheinlich der Wächter! Was lachst du, Fritz? Hast du was im Hals? Das Frauenvolk verblaßt ja ganz!

MURK Mir kommt grad eine komische Idee, weißt du: Spartakus...

BALICKE Unsinn, gibt's bei uns ja gar nicht! *Wendet sich aber doch ab, unangenehm berührt.* Also, das ist die Fabrik! *Zum Tisch tretend, Anna zieht den Vorhang zu.* Der Krieg hat mich auf den berühmten grünen Zweig gebracht! Es lag ja auf der Straße, warum's nicht nehmen, wäre zu irrsinnig. Nähm's eben ein anderer. Der Sau Ende ist der Wurst Anfang! Richtig betrachtet, war der Krieg ein Glück für uns! Wir haben das Unsere in Sicherheit, rund, voll, behaglich. Wir können in aller Ruhe Kinderwägen machen. Ohne Hast! Einverstanden?

MURK Völlig, Papa! Prost!

BALICKE So wie ihr in aller Ruhe Kinder machen könnt. Ahahahaha.

DIENSTMÄDCHEN Der Herr Babusch, Herr Balicke!

BABUSCH *trottelt herein:* Kinder, ihr seid gut verschanzt vor dem roten Hexensabbat! Spartakus mobilisiert. Die Verhandlungen sind abgebrochen. In 24 Stunden Artilleriefeuer über Berlin!

BALICKE *die Serviette am Hals:* Ja, zum Teufel, sind die Kerls denn nicht zufrieden?

FRAU BALICKE Artillerie? O Gottogottogott! So eine Nacht! So eine Nacht! Ich geh in 'n Keller, Balicke!

BABUSCH In den inneren Stadtvierteln ist noch alles ruhig. Aber es heißt: sie wollen die Zeitungen besetzen.

BALICKE Was! Wir machen Verlobung! Ausgerechnet an so einem Tag! Hirnverbrannt!

MURK Das gehört alles an die Wand!

BALICKE Was unzufrieden ist, an die Wand!

BABUSCH Verlobst du dich, Balicke?

MURK Babusch, meine Braut!

FRAU BALICKE Aus ganz heiterm Himmel. Aber wann schießen sie wohl?

BABUSCH *schüttelt Anna und Murk die Hände:* Spartakus hat enorm Waffen gehamstert. Lichtscheues Gesindel! Ja, die Anna! Laßt euch nicht abhalten! Hierher kommt nichts! Hier ist'n stiller Herd! Die Familie! Die deutsche Familie! My home is my castle.

FRAU BALICKE In so einer Zeit! In so einer Zeit! Und an deinem Ehrentag! Anna!

BABUSCH Es ist schon verflucht interessant, Kinder!

BALICKE Mir gar nicht! Ganz und gar nicht! *Fährt mit der Serviette über die Lippen.*

MURK Wissen Sie was! Gehen Sie mit uns in die Picadillybar! Verlobung!

BABUSCH Und Spartakus?

BALICKE Wartet, Babusch! Schießt andere in den Bauch, Babusch. Geh mit in die Picadillybar! Toilette, Frauenzimmer!

FRAU BALICKE Picadillybar? In der Nacht? *Setzt sich auf einen Stuhl.*

BALICKE Picadillybar hieß es früher. Jetzt heißt es Café Vaterland! Friedrich ladet uns ein! Was ist schon mit der Nacht! Wozu gibt's Droschken! Marsch, Toilette, Alte!

FRAU BALICKE Keinen Schritt geh ich aus meinen vier Wänden! Was hast du denn, Fritzi?

ANNA Des Menschen Wille ist sein Himmelreich! Friedrich will nun mal!

Alle sehen auf Murk.

MURK Hier nicht. Hier auf keinen Fall. Ich, ich will Musik haben, und Licht! Es ist doch'n feines Lokal! Hier ist so dunkel. Ich habe mich eigens anständig angezogen. Also, wie ist es, Schwiegermutter?

FRAU BALICKE Begreifen tu ich das nicht. *Geht hinaus.*

ANNA Wart auf mich, Friedrich, ich bin gleich fertig!

BABUSCH Fabelhaft viel los. Das ganze Orchestrion fliegt in die Luft. Säuglinge, organisiert euch! Übrigens das Pfund Aprikosen, butterweich, fleischfarben, saftig, kostet zehn Mark. Faulenzer, laßt euch nicht provozieren! Überall dunkle Schwärme, pfeifen, zwei Finger im Maul, in die taghellen Cafés! Als Fahnen haben sie sogenannte faule Häute! Und in den Tanzlokalen tanzt die Hautevolee! Na, prost Hochzeit!

MURK Die Damen ziehen sich nicht um. Jetzt ist alles gleich. Man lenkt nur die Aufmerksamkeit auf sich mit den schillernden Häuten!

BALICKE Sehr richtig! In dieser ernsten Zeit. Das älteste Zeug ist genug für die Bande. Komm gleich runter, Anna!

MURK Wir gehen gleich voraus. Nicht umziehen!

ANNA Roh! *Ab.*

BALICKE Marsch ... Mit Tusch ab ins Himmelreich! Ich muß mal das Hemd wechseln.

MURK Du kommst mit Mutter nach. Und Babusch nehmen wir mit, als Anstandsdame, wie? *Singt:* Babusch, Babusch, Babusch trottet durch den Saal.

BABUSCH Dieser höchst elende Simpelvers eines verrückten Jünglings, können Sie das nie lassen? *Mit ihm per Arm ab.*

MURK *singt draußen noch:* Kinder, Finger aus dem Mund, jetzt geht's zum Bacchanal. Anna!

BALICKE *allein, zündet sich eine Zigarre an:* Gott sei Dank! Alles unter Dach und Fach. Verfluchte Schinderei! Die muß man ins Bett jagen! Mit der Affenliebe zu dem Leichnam! Ich hab das ganze frische Hemd durchgeschwitzt. Jetzt kann kommen, was will! Parole: Kinderwägen. *Hinaus.* Frau, ein Hemd!

ANNA *außen:* Friedrich! Friedrich! *Rasch herein.* Friedrich!

MURK *in der Tür:* Anna! *Trocken, unruhig, wie ein Orang, mit hängenden Armen.* Willst du mitkommen?

ANNA Was hast du denn? Wie schaust du denn aus?

MURK Ob du mitkommen willst? Ich weiß, was ich frage! Stell dich nicht! Klipp und klar!

ANNA Ja, aber ja doch! Neuigkeit!

MURK Gut, gut. Ich bin nicht so sicher. Ich bin zwanzig Jahre in Dachzimmern geflackt, gefroren bis auf die Knochen, habe jetzt Knopfstiefeln an, bitte, sieh sie dir an! Ich habe im Finstern geschwitzt, bei Gaslicht, es lief in die Augen, jetzt habe ich einen Schneider. Aber ich schwanke noch, der Wind geht unten, ein eisiges Lüftchen geht unten, die Füße werden einem kalt unten. *Auf Anna zu, faßt sie nicht, steht schwankend vor ihr.* Jetzt wächst das Fleischgewächs. Jetzt fließt der Rotspon. Jetzt bin ich da! In Schweiß gebadet, die Augen zu, Fäuste geballt, daß die Nägel ins Fleisch schneiden. Schluß! Sicherheit! Wärme! Kittel ausziehen! Ein Bett, das weiß ist, breit, weich! *Am Fenster vorbei, schaut er, fliegend, hinaus.* Her mit dir: Ich mache die Fäuste auf, ich sitze im Hemd in der Sonne, ich habe dich.

ANNA *auf ihn zufliegend:* Du!

MURK Betthäsin!

ANNA Jetzt hast du mich doch.

MURK Ist sie noch immer nicht gekommen?

BABUSCH *von außen:* Na, wird's bald! Ich bin Ehrendame, Kinder!

MURK *zieht das Grammophon noch auf. Es fängt wieder an, die Macht der Liebe anzubeten:* Ich bin der beste Mensch, wenn man mich machen läßt. *Beide aneinander ab.*

FRAU BALICKE *huscht herein, in Schwarz, vor dem Spiegel, ordnet ihren Kapotthut:* Der Mond so groß und so rot... Und die Kinder, o Gott! Ach ja... Da kann man wieder richtig Dank beten heut nacht.

In diesem Augenblick tritt ein Mann in kotiger, dunkelblauer Artillerieuniform mit kleiner Tabakspfeife in die Tür.

DER MANN Mein Name ist Kragler.

FRAU BALICKE *stützt sich mit schwachen Knien auf den Spiegeltisch:* Herrje . . .

KRAGLER Na, was schauen Sie denn so überirdisch? A u c h Geld für Kränze hinausgeschmissen? Schade drum! Melde gehorsamst: habe mich in Algier als Gespenst etabliert. Aber jetzt hat der Leichnam mörderisch Appetit. Ich könnte Würmer fressen! Aber was haben Sie denn, Mutter Balicke? Blödsinniges Lied! *Stellt das Grammophon ab.*

FRAU BALICKE *sagt noch immer nichts, starrt ihn nur an.*

KRAGLER Fallen Sie nur nicht gleich um! Da ist'n Stuhl. Ein Glas Wasser kann beschafft werden. *Summend zum Schrank.* Kenne mich immer noch leidlich gut aus hier. *Schenkt Wein in ein Glas.* Wein! Nierensteiner! Also für ein Gespenst bin ich doch ziemlich lebhaft! *Bemüht sich um Frau Balicke.*

BALICKE *von außen:* Also komm, Alte! Marchons! Du bist schön, süßer Engel! *Kommt herein, steht entgeistert.* Nanu?!

KRAGLER Abend, Herr Balicke! Ihrer Frau ist nicht wohl! *Sucht ihr Wein einzuflößen, sie aber dreht entsetzt den Kopf weg.*

BALICKE *sieht eine Weile unruhig zu.*

KRAGLER Nehmen Sie doch! Nein? Es wird sofort besser! Dachte nicht, daß ich noch so gut im Gedächtnis bin. Komme nämlich gerade aus Afrika! Spanien, Schwindel mit Paß und so. Aber jetzt: Wo ist Anna?

BALICKE So lassen Sie doch meine Frau um Gottes willen! Sie ersäufen sie ja noch.

KRAGLER Denn nicht!

FRAU BALICKE *flüchtet zu Balicke, der aufrecht steht:* Karl!

BALICKE *streng:* Herr Kragler, wenn Sie der sind, wie Sie behaupten, darf ich Sie bitten, mir Auskunft zu geben, was Sie hier suchen?

KRAGLER *sprachlos:* Hören Sie, ich war kriegsgefangen in Afrika.

BALICKE Teufel! *Geht zu einem Wandschränkchen, trinkt*

96

Schnaps. Das ist gut. Das sieht Ihnen so gleich. Verfluchte Schweinerei! Was wollen Sie eigentlich? Was wollen Sie? Meine Tochter hat sich heute abend vor noch nicht 30 Minuten verlobt.

KRAGLER *schwankt, ein wenig unsicher:* Was heißt das?

BALICKE Sie sind vier Jahre fortgewesen. Sie hat vier Jahre gewartet. Wir haben vier Jahre gewartet. Jetzt ist's Schluß, und es ist gar keine Aussicht mehr da für Sie.

KRAGLER *setzt sich.*

BALICKE *nicht ganz fest, unsicher, aber mit Anstrengung, Haltung zu bewahren:* Herr Kragler, ich habe Verpflichtungen für heute abend.

KRAGLER *sieht auf:* Verpflichtungen...? *Zerstreut.* Ja... *Versinkt wieder.*

FRAU BALICKE Herr Kragler, nehmen Sie's nicht so schlimm. Es gibt so viele Mädchen. Es ist schon so. Lerne leiden, ohne zu klagen!

KRAGLER Anna...

BALICKE *barsch:* Frau! *Sie zögernd zu ihm, er plötzlich fest:* Ach was, Sentimentalitäten, marchons! *Mit seiner Frau ab. Das Dienstmädchen erscheint unter der Tür.*

KRAGLER Hm ... *Schüttelt den Kopf.*

DIENSTMÄDCHEN Die Herrschaften sind fortgegangen. *Stille.* Die Herrschaften sind in die Picadillybar zur Verlobung gegangen.
Stille. Wind.

KRAGLER *sieht sie von unten herauf an:* Hm! *Er steht langsam, schwerfällig auf, sieht sich das Zimmer an, geht stumm gebückt herum, schaut durchs Fenster, dreht sich um, trollt sich langsam hinaus, pfeifend, ohne Mütze.*

DIENSTMÄDCHEN Hier! Ihre Mütze! Sie haben Ihre Mütze liegenlassen!

Zweiter Akt

(PFEFFER)

Picadillybar

Hinten großes Fenster. Musik. Im Fenster roter Mond. Wenn die Tür aufgeht: Wind.

BABUSCH Immer herein in die Menagerie, Kinder! Mond gibt's genügend. Hoch Spartakus! Fauler Zauber! Rotwein!

MURK *mit Anna am Arm herein, sie legen ab:* Eine Nacht wie ein Roman. Das Geschrei in den Zeitungsvierteln, die Droschke mit den Verlobten!

ANNA Ich bring so ein ekles Gefühl heut nicht los. Mir fliegen alle Glieder.

BABUSCH Prost drauf, Friedrich!

MURK Hier bin ich zu Haus. Verdammt ungemütlich auf die Dauer, aber piekfein! Sehen Sie mal nach der vorigen Generation, Babusch!

BABUSCH Schön! *Trinkt.* Sehen Sie nach der nächsten! *Geht hinaus.*

ANNA Küß mich!

MURK Unsinn! Halb Berlin sieht hier zu!

ANNA Das ist doch gleich, mir ist alles gleich, wenn ich was will. Dir nicht?

MURK Ganz und gar nicht. Dir übrigens auch nicht.

ANNA Du bist ordinär.

MURK Bin ich!

ANNA Feig!
Murk schellt, Kellner tritt ein.

MURK Stillgestanden!
Er beugt sich über den Tisch, wobei er Gläser umreißt, und küßt Anna gewaltsam.

ANNA Du!

MURK Abtreten! *Kellner ab.* Bin ich ein Feigling? *Sieht untern Tisch.* Jetzt brauchst du mir nicht deine Füße zu reichen.

ANNA Was fällt dir ein?

MURK Und er soll dein Herr sein!

BALICKE *mit Babusch und Frau Balicke herein:* Da sind sie ja! Wirtschaft!

ANNA Wo seid ihr gewesen?

FRAU BALICKE Es ist ein so roter Mond da. Ich bin ganz verstört, weil er so rot ist. Und ein Geschrei ist wieder in den Zeitungsvierteln!

BABUSCH Wölfe!

FRAU BALICKE Schaut nur, daß ihr zusammenkommt!

BALICKE Ins Bett, Friedrich, wie?

ANNA Mutter, ist dir nicht gut?

FRAU BALICKE Wann wollt ihr eigentlich heiraten?

MURK In drei Wochen, Mama!

FRAU BALICKE Hätten wir nicht doch mehr Leute zur Verlobung laden sollen? Niemand weiß es so. Man soll es doch wissen.

BALICKE Quatsch. Also Quatsch. Wohl weil der Wolf heult? Laß ihn nur heulen! Bis ihm die Zunge rot zwischen die Knie hängt! Ich knalle ihn glatt nieder.

BABUSCH Murk, helfen Sie mir die Flasche entkorken! *Gedämpft zu ihm:* Er ist da, er ist mit dem Mond gekommen. Der Wolf mit dem Mond. Aus Afrika.

MURK Andree Kragler?

BABUSCH Der Wolf. Peinlich, was?

MURK Er ist glatt begraben. Ziehen Sie die Gardinen vor!

FRAU BALICKE Dein Vater ist alle zwei Häuser in eine andere Likörbude hineingefallen. Er hat einen Riesenaffen auf dem Buckel. Das ist ein Mann! So ein Mann! Er säuft sich noch zu Tod für seine Kinder, der Mann!

ANNA Ja, aber warum tut er denn das?

FRAU BALICKE Frag nicht, Kind. Frag nur mich nicht! Es steht alles auf dem Kopf. Es ist der Weltuntergang. Ich muß gleich Kirschwasser haben, Kind.

BALICKE Das macht nur die rote Zibebe, Mutter. Ziehen Sie die Gardine zu! *Kellner tut es.*

BABUSCH Sie haben es schon intus gehabt?

MURK Ich bin gerüstet bis auf den letzten Knopf. War er schon bei ihnen?

BABUSCH Ja, vorhin.

MURK Dann kommt er hierher.

BALICKE Komplott hinter den Rotweinflaschen? Hierher pflanzt euch! Verlobung gefeiert! *Alle sitzen um den Tisch herum.* Tempo! Ich habe keine Zeit, müde zu sein.

ANNA Huch, das Pferd! Wie das komisch war! Mitten auf dem Pflaster, da blieb es einfach stehen. Friedrich, steig heraus, das Pferd will nicht. Und mitten auf dem Pflaster da stand das Pferd. Und zitterte. Es hatte aber Augäpfel wie Stachelbeeren, ganz weiß, und Friedrich gickste es in die Augen mit einem Stocke, da hüpfte es. Es war wie im Zirkus.

BALICKE Zeit ist Geld. Es ist verflucht warm hier. Ich schwitze schon wieder. Habe heute schon ein Hemd durchgeschwitzt.

FRAU BALICKE Du bringst dich noch an den Bettelstab mit der Wäsche, wie du das treibst!

BABUSCH *frißt gedörrte Pflaumen aus der Tasche:* Jetzt kostet ein Pfund Aprikosen zehn Mark. Na ja. Ich werde einen Artikel über die Preise schreiben. Und dann kann ich mir die Aprikosen ja kaufen. Sollte die Welt untergehen, dann schreibe ich darüber. Aber was sollen die andern machen? Ich sitze wie der Dotter im Ei, wenn das Tiergartenviertel in die Luft fliegt. Aber ihr!

MURK Hemden, Aprikosen, Tiergartenviertel. Wann ist die Hochzeit?

BALICKE In drei Wochen. Hochzeit in drei Wochen. Hough. Der Himmel hat's gehört. Wir sind alle einig? Alle einig über die Hochzeit? Also dann los, Brautpaar!

Man stößt an. Die Tür ist aufgegangen. Kragler steht drin. Im Wind flackern die Kerzen trüber.

BALICKE Nanu, was zitterst du denn mit dem Glas? Wie deine Mutter, Anna?

ANNA *die gegenüber der Tür sitzt, hat Kragler gesehen, sie ist zusammengesunken, sieht ihn starr an.*

FRAU BALICKE Jesus, Maria, was klappst du denn so zusammen, Kind?

MURK Was ist das für ein Wind?

KRAGLER *heiser:* Anna!

ANNA *schreit leis auf. Jetzt schauen alle um, springen auf. Tumult. Gleichzeitig:*

BALICKE Teufel! *Gießt Wein in die Gurgel.* Das Gespenst, Mutter!

FRAU BALICKE Jesus! Kra...

MURK Hinausschmeißen! Hinausschmeißen!

KRAGLER *ist eine Zeitlang wiegend in der Tür gestanden: er sieht finster aus. Bei dem kleinen Tumult kommt er ziemlich schnell, aber schwerfällig auf Anna zu, die allein noch sitzt, das Glas zitternd vor dem Gesicht, und nimmt ihr das Glas ab, lehnt sich auf den Tisch, stiert sie an.*

BALICKE Er ist ja besoffen.

MURK Kellner! Das ist ja Hausfriedensbruch! Hinausschmeißen! *Läuft an der Wand hin, reißt dabei die Gardine zurück. Mond.*

BABUSCH Achtung! Er hat noch rohes Fleisch unterm Hemd! Das beißt ihn! Langt ihn nicht an! *Haut mit dem Stock auf den Tisch.* Macht nur ja keinen Skandal jetzt! Geht ruhig raus! Geordnet raus!

ANNA *ist unterdessen vom Tisch gelaufen, umschlingt ihre Mutter:* Mutter! Hilfe!

KRAGLER *geht um den Tisch herum, schwankend zu Anna hin.*

FRAU BALICKE *alles ziemlich gleichzeitig:* Lassen Sie mein Kind am Leben! Sie kommen ins Zuchthaus! Jesus, er bringt sie um!

BALICKE *schwillt auf, weit weg:* Sind Sie besoffen? Habenichts! Anarchist! Frontsoldat! Sie Seeräuber! Sie Zibebengespenst! Wo haben Sie Ihr Bettlaken?

BABUSCH Wenn dich der Schlag rührt, heiratet er sie. Haltet euer Maul! Er ist der Leidtragende hier! Hinaus mit euch! Eine Rede muß er halten dürfen. Das Recht hat er. *Zu Frau Balicke:* Haben Sie kein Gemüt? Er war vier Jahre fort. Es ist eine Gemütsfrage.

FRAU BALICKE Sie hält sich ja kaum auf den Beinen, sie ist ja bleich wie Leinewand!

BABUSCH *zu Murk:* Sehen Sie doch sein Gesicht an! Sie hat's schon gesehen! Das war einmal wie Milch und Äpfel! Jetzt ist's eine verfaulte Dattel! Haben Sie doch keine Angst! *Sie gehen hinaus.*

MURK *im Hinausgehen:* Wenn Sie das meinen, Eifersucht, das gibt's nicht bei mir. Ha!

BALICKE *steht noch zwischen Tisch und Tür, etwas betrunken, mit krummen Beinen, ein Glas in der Hand, und sagt während des Folgenden:* Diese Negerkutsche! Ein Gesicht wie ein, wie ein verkrachter Elefant! Total kaputt, das! Unverschämtheit. *Trollt sich, und jetzt steht nur mehr der Kellner vor der Tür rechts, ein Tablett in den Händen. Gounods* »Ave Maria«. *Das Licht verwest.*

KRAGLER *nach einer Weile:* Es ist alles wie weggewischt in meinem Kopf, ich habe nur mehr Schweiß drin, ich verstehe nicht mehr gut.

ANNA *nimmt eine Kerze auf, steht ohne Haltung, leuchtet ihm ins Gesicht:* Haben dich nicht die Fische gefressen?

KRAGLER Ich weiß nicht, was du meinst.

ANNA Bist du nicht in die Luft geflogen?

KRAGLER Ich kann dich nicht verstehen.

ANNA Haben sie dich nicht durchs Gesicht geschossen?

KRAGLER Warum siehst du mich so an? Seh ich so aus? *Stille. Er schaut zum Fenster.* Ich bin wie ein altes Tier zu dir gekommen. *Stille.* Ich habe eine Haut wie ein Hai, schwarz. *Stille.* Und ich bin gewesen wie Milch und Blut. *Stille.* Und dann blute ich immerfort, es läuft einfach fort von mir . . .

ANNA Andree!

KRAGLER Ja.

ANNA *zögernd auf ihn zu:* O Andree, warum bist du so lang fortgewesen? Haben sie dich fortgehalten mit Kanonen und Säbeln? Und jetzt kann ich nicht mehr zu dir hin.

KRAGLER War ich überhaupt fort?

ANNA Du warst lang bei mir in der ersten Zeit, da war deine Stimme noch frisch. Wenn ich im Gang ging, streifte ich an dich, und auf der Wiese hast du mich hinter den Ahorn gerufen. Wiewohl sie schrieben, man hätte dich durchs Gesicht geschossen und eingegraben nach zwei Tagen. Aber einmal änderte es sich doch. Wenn ich im Gang ging, war er leer, und der Ahorn schwieg still. Wenn ich mich aufrichtete vom Wäschetrog, sah ich noch dein Gesicht, aber als ich sie auf die Wiese legte, sah ich es nicht mehr, und ich wußte alle die lange Zeit nicht, wie du aussiehst. Aber ich hätte warten sollen.

KRAGLER Du hättest eine Photographie gebraucht.

ANNA Ich fürchtete mich. Ich hätte warten sollen in der Furcht, aber ich bin schlecht. Laß meine Hand, es ist alles schlecht an mir.

KRAGLER *schaut aufs Fenster:* Ich weiß nicht, was du sagst. Aber vielleicht ist es der rote Mond. Ich muß mich besinnen, was es heißt. Ich habe geschwollene Hände, dran sind Schwimmhäute, ich bin nicht fein und die Gläser zerbreche ich beim Trinken. Ich kann nimmer gut reden mit dir. Ich habe eine Negersprache im Hals.

ANNA Ja.

KRAGLER Gib mir deine Hand. Meinst du, ich bin ein Gespenst? Komm her zu mir, gib mir deine Hand. Willst du nicht herkommen?

ANNA Willst du sie?

KRAGLER Gib sie mir. Jetzt bin ich kein Gespenst mehr. Siehst du mein Gesicht wieder? Ist es wie eine Krokodilhaut? Ich sehe schlecht heraus. Ich bin im salzigen Wasser gewesen. Es ist nur der rote Mond!

ANNA Ja.

KRAGLER Nimm meine Hand auch. Warum drückst du sie nicht? Gib dein Gesicht her. Ist es schlimm?

ANNA Nein! nein!

KRAGLER *faßt sie:* Anna! Eine Negerkutsche, das bin ich! Dreck im Hals! Vier Jahre! Willst du mich haben? Anna! *Reißt sie herum und sieht den Kellner, den er feixend vorgebeugt anstarrt.*

KELLNER *aus der Fassung, läßt sein Tablett fallen, stammelt:* Die Hauptsache ist ... ob sie ... ihre Lilie ... Lilie noch hat ...

KRAGLER *Anna in den Händen, wiehert:* Was hat er gesagt? Lilie? *Der Kellner läuft hinaus.* Bleiben Sie doch, Sie Romanleser! Es ist ihm was ausgekommen! Lilie! Es ist ihm was passiert! Lilie! Hast du's gehört? So tief hat er's gefühlt!

ANNA Andree!

KRAGLER *sieht sie gebückt an, er hat sie losgelassen:* Sag das noch mal, das ist deine Stimme! *Er läuft nach rechts.* Kellner! Komm her, Mensch!

BABUSCH *unter der Tür:* Was haben Sie denn für ein fleischernes Gelächter? Für eine »fleischfarbene Lache«? Wie geht es Ihnen?

FRAU BALICKE *hinter ihm:* Anna, mein Kind! Machst du uns Sorgen!

Nebenan wird seit einiger Zeit »Die Peruanerin« gespielt.

BALICKE *etwas ernüchtert, läuft herein:* Setzen Sie sich! *Er zieht die Gardine zu, es gibt ein eisernes Geräusch.* Sie haben einen roten Mond bei sich und Gewehre hinter sich in Babs Zeitungsvierteln. Man muß mit ihnen rechnen. *Er zündet wieder alle Kerzen an.* Setzen Sie sich!

FRAU BALICKE Was hast du denn für ein Gesicht? Ich kriege schon wieder das Zittern in die Beine. Kellner! Kellner!

BALICKE Wo ist Murk?

BABUSCH Friedrich Murk schiebt Boston.

BALICKE *gedämpft:* Bring ihn bloß zum Sitzen! Sitzt er, ist er schon halb eingeseift. Im Sitzen gibt es kein Pathos. *Laut:* Setzt euch alle! Ruhe! Nimm dich zusammen, Amalie! *Zu Kragler:* Setzen Sie sich auch, in Gottes Namen!

FRAU BALICKE *nimmt dem Kellner von seinem Tablett eine Flasche Kirschwasser:* Ich muß Kirschwasser haben, sonst sterbe ich. *Sie kommt damit an den Tisch.*

Es haben sich gesetzt: Frau Balicke, Balicke, Anna. Babusch ist herumgeharpft und hat sie zum Sitzen gebracht. Jetzt drückt er Kragler, der hilflos dagestanden war, auf den Stuhl.

BABUSCH Setzen Sie sich, Ihre Knie sind nicht ganz sicher. Wollen Sie Kirschwasser? Warum haben Sie so ein Gelächter?

KRAGLER *steht wieder auf. Babusch drückt ihn nieder. Er bleibt sitzen.*

BALICKE Was wollen Sie, Andreas Kragler?

FRAU BALICKE Herr Kragler! Unser Kaiser hat gesagt: Lerne leiden, ohne zu klagen!

ANNA Bleib sitzen!

BALICKE Halt dein Maul! Laß ihn reden! Was wollen Sie?

BABUSCH *steht auf:* Wollen Sie vielleicht einen Schluck Kirschwasser? Reden Sie!

ANNA Denk nach, Andree! Sag nichts vorher!

FRAU BALICKE Du bringst mich noch auf den Gottesacker! Halt doch den Mund! Du verstehst rein gar nichts!

KRAGLER *will aufstehen, wird aber von Babusch niedergedrückt. In großem Ernst:* Wenn ihr mich fragt, so ist es nicht einfach. Und ich will kein Kirschwasser trinken. Denn es hängt zuviel davon ab.

BALICKE Machen Sie keine Flausen! Reden Sie, was Sie wollen. Und dann schmeiße ich Sie hinaus.

ANNA Nein! nein!

BABUSCH Sie sollten doch trinken! Sie sind so trocken. Es geht besser dann, glauben Sie mir!

In diesem Augenblick schiebt Friedrich Murk mit einer Pro-stituierten namens Marie links herein.

FRAU BALICKE Murk!

BABUSCH Genie muß seine Grenzen haben. Setzen Sie sich!

BALICKE Bravo, Fritz! Zeig mal dem Mann, was ein Mann ist. Fritz zittert nicht. Fritz amüsiert sich. *Klatscht.*

MURK *finster, er hat getrunken, läßt Marie stehen und kommt an den Tisch:* Ist die Hundekomödie noch nicht ausgefeilscht?

BALICKE *zieht ihn auf einen Stuhl:* Halt dein Maul!

BABUSCH Reden Sie weiter, Kragler! Lassen Sie sich nicht stören!

KRAGLER Er hat verkrüppelte Ohren.

ANNA Er ist Schmierjunge gewesen.

MURK Er hat ein Ei im Kopf.

KRAGLER Er soll hinausgehen!

MURK Und auf den Kopf haben sie ihn geschlagen.

KRAGLER Ich muß sehr aufmerken, was ich sage.

MURK Er hat also Eiertunke im Kopf.

KRAGLER Ja, man hat mich auf den Kopf geschlagen. Ich bin vier Jahre fortgewesen. Ich konnte keinen Brief schreiben. Ich hatte kein Ei im Gehirn. *Stille.* Es sind vier Jahre her, ich muß sehr aufmerken. Du hast mich nimmer erkannt, du schwankst noch und fühlst es noch nicht. Aber ich rede zu-viel.

FRAU BALICKE Sein Gehirn ist ganz eingetrocknet. *Kopfschüt-telnd.*

BALICKE Es ist Ihnen also schlecht gegangen? Sie haben für Kaiser und Reich gekämpft? Es tut mir leid um Sie. Wollen Sie was?

FRAU BALICKE Und der Kaiser hat gesagt: Stark sein im Schmerz. Trinken Sie davon! *Schiebt ihm Kirschwasser hin.*

BALICKE *trinkend, eindringlich:* Sie sind im Granatenhagel gestanden? Wie Eisen? Das ist brav. Unsere Armee hat Ge-waltiges geleistet. Sie ist lachend in den Heldentod gezogen.

Trinken Sie! Was wollen Sie? *Hält ihm die Zigarrenkiste hin.*

ANNA Andree! Hast du keine andere Montur gekriegt? Hast du immer noch die alte blaue an? Das trägt man nicht mehr!

FRAU BALICKE Es gibt doch so viele Frauen! Kellner, noch einen Kirsch! *Reicht ihm den Kirsch.*

BALICKE Wir waren auch nicht faul herin. Also, was wollen Sie? Sie haben keinen roten Heller? Sie liegen auf der Straße? Das Vaterland drückt Ihnen eine Drehorgel in die Hand? Das gibt es nicht. Diese Zustände dürfen nicht mehr vorkommen. Was wollen Sie?

FRAU BALICKE Keine Angst, Sie werden nicht mit der Drehorgel laufen!

ANNA »Stürmisch die Nacht und die See geht hoch«, huch!

KRAGLER *ist aufgestanden:* Da ich es fühle, daß ich hier kein Recht habe, bitte ich dich aus dem Grunde meines Herzens, mit mir zu gehen an meiner Seite.

BALICKE Was ist das für ein Geschwätz? Was sagt er da? Grund meines Herzens! An meiner Seite! Was sind das für Redensarten!

Die anderen lachen.

KRAGLER Weil kein Mensch ein Recht hat . . . Weil ich ohne dich nicht leben kann . . . Aus dem Grunde meines Herzens. *Großes Gelächter.*

MURK *legt die Füße auf den Tisch. Kalt, bös, betrunken:* Völlig hinabgeschwommen. Aufgefischt. Mit Schlamm im Maul. Sehen Sie sich meine Stiefel an! Ich hatte einmal solche wie Sie! Kaufen Sie sich solche wie ich! Kommen Sie wieder! Wissen Sie, was Sie sind?

MARIE *plötzlich:* Waren Sie beim Militär?

KELLNER Waren Sie beim Militär?

MURK Macht die Klappe zu! *Zu Kragler:* Sie sind unter die Walze gekommen? Viele sind unter die Walze gekommen. Schön. Wir haben nicht walzen lassen. Haben Sie kein

Gesicht mehr? He? Wollen Sie eins geschenkt? Sollen wir drei Sie ausstaffieren? Sind Sie für uns hinuntergekrochen? Wissen Sie noch nicht, was Sie sind?

BABUSCH Seien Sie doch ruhig!

KELLNER *tritt vor:* Waren Sie beim Militär?

MURK Nee. Ich gehöre zu den Leuten, die eure Heldentaten bezahlen sollen. Die Walze ist kaputtgegangen.

BABUSCH Reden Sie doch keine Oper! Das ist ja ekelhaft! Schließlich haben Sie doch verdient, nicht? Lassen Sie doch Ihre Stiefel aus dem Spiel!

BALICKE Sehen Sie, das ist es, worauf's ankommt. Hier liegt der Hase im Pfeffer. Das ist keine Oper. Das ist Realpolitik. Daran fehlt es uns in Deutschland. Es ist ganz einfach. Haben Sie Mittel, eine Frau zu unterhalten? Oder haben Sie Schwimmhäute zwischen den Fingern?

FRAU BALICKE Hörst du es, Anna? Er hat nichts!

MURK Ich will seine Mutter heiraten, wenn er hat. *Springt auf.* Er ist einfach ein ganz gewöhnlicher Heiratsschwindler.

KELLNER *zu Kragler:* Sagen Sie was! Reden Sie was!

KRAGLER *ist aufgestanden, zitternd, zu Anna:* Ich weiß nicht, was ich sagen soll. Als wir nur mehr Häute waren, und wir mußten immer Schnaps trinken, daß wir die Straßen pflastern konnten, hatten wir oft nur mehr den Abendhimmel, das ist sehr wichtig, denn da war ich im April in den Gesträuchern gelegen mit dir. Ich sagte es auch den andern. Aber die fielen zusammen wie die Fliegen.

ANNA Wie die Pferde, nicht?

KRAGLER Weil es so heiß war, und man soff immerzu. Aber was sage ich dir immer vom Abendhimmel, ich wollte das nicht, ich weiß nicht . . .

ANNA Hast du immer an mich gedacht?

FRAU BALICKE Hörst du, wie er redet! Wie ein Kind! Man schämt sich für ihn, wenn man ihn anhört!

MURK Können Sie mir nicht Ihre Stiefel verkaufen? Ins Armeemuseum. Ich biete vierzig Mark.

BABUSCH Reden Sie weiter, Kragler. Es ist genau das Richtige.

KRAGLER Wir hatten auch keine Hemden mehr. Das war das Schlimmste, glaub es mir. Hältst du das für möglich, daß das das Schlimmste sein kann?

ANNA Andree, man hört dir zu!

MURK Dann biete ich sechzig Mark. Verkaufen Sie!

KRAGLER Ja, jetzt schämst du dich für mich? Weil sie an den Wänden stehen wie im Zirkus, und der Elefant läßt Wasser vor Angst? Und sie wissen doch nichts!

MURK Achtzig Mark!

KRAGLER Ich bin doch kein Seeräuber. Was geht mich der rote Mond an! Ich kann nur die Augen nicht aufbringen. Ich bin ein Stück Fleisch und ich habe ein frisches Hemd an. Ich bin doch kein Gespenst!

MURK *springt auf:* Also hundert Mark!

MARIE Schämen Sie sich in Ihre Seele hinein!

MURK Jetzt will mir das Schwein seine alten Stiefel nicht um hundert Mark ablassen!

KRAGLER Anna, da redet was. Was ist das für eine Stimme?

MURK Sie haben ja den Sonnenstich! Können Sie noch allein rausgehen?

KRAGLER Anna, es meint, man darf es nicht zertreten.

MURK Sieht man jetzt Ihr Gesicht?

KRAGLER Anna, der liebe Gott hat es gemacht!

MURK Sind Sie das? Was wollen Sie denn eigentlich? Sie sind ja ein Leichnam! Sie stinken ja schon! *Hält sich die Nase zu.* Haben Sie keinen Reinlichkeitssinn? Wollen Sie ins Tabernakel gestellt werden, weil Sie die afrikanische Sonne verschluckt haben? Ich habe gearbeitet! Ich habe geschuftet, bis mir das Blut in den Stiefeln gestanden ist! Sehen Sie sich meine Hände an! Sie haben die Sympathie, weil Sie sich haben hauen lassen, ich habe Sie nicht gehaut! Sie sind ein Held, und ich bin ein Arbeiter! Und das ist meine Braut.

BABUSCH Aber sitzend doch auch, Murk! Sitzend sind Sie auch

ein Arbeiter! Kragler, die Weltgeschichte wäre anders, wenn die Menschheit mehr auf dem Hintern säße!

KRAGLER Ich kann ihm nichts ansehen. Er ist wie eine Abortwand! Mit Zoten verkritzelt! Sie kann nichts dafür! Anna liebst du den, liebst du den?

ANNA *lacht und trinkt.*

BABUSCH Das heißt mit der Pulsader pariert, Kragler!

KRAGLER Das heißt ihm vor Ekel seine Warze abbeißen! Liebst du ihn? Mit dem grünen Gesicht wie eine unreife Nuß? Willst du mich wegen dem fortschicken? Er hat einen englischen Anzug und die Brust mit Papier ausgestopft und Blut in den Stiefeln. Und ich habe nur meinen alten Anzug, in dem die Motten sind. Sag, du kannst mich wegen meinem Anzug nicht heiraten, sag es! Es ist mir lieber!

BABUSCH Setzt euch doch! Zum Teufel! Jetzt geht es los!

MARIE *klatscht:* Das ist er! Und mit mir hat er getanzt, daß ich mich geschämt habe, wie er mir die Knie in den Bauch geschlagen hat!

MURK Halt deinen Rand! Siehst du so aus! Hast du kein Messer dabei, im Stiefelschaft, um mir den Hals abzuschneiden, weil du in Afrika Blasen ins Gehirn gekriegt hast? Zieh das Messer heraus, ich hab's jetzt satt bis zum Hals, schneid ihn ab!

FRAU BALICKE Anna, kannst du das anhören!

BALICKE Kellner, bringen Sie mir vier Gläser Kirsch! Mir ist schon alles gleichgültig.

MURK Geben Sie Obacht, daß Sie nicht das Messer ziehen! Nehmen Sie sich zusammen, daß Sie sich hier nicht als Held aufführen! Hier kommen Sie ins Zuchthaus!

MARIE Waren Sie beim Militär?

MURK *rasend, schmeißt ein Glas nach ihr:* Warum warst du nicht da?

KRAGLER Jetzt bin ich gekommen.

MURK Wer hat dir geschrien?

KRAGLER Jetzt bin ich da!

MURK Schwein!

ANNA Du sei nur still.

KRAGLER *duckt sich.*

MURK Räuber!

KRAGLER *lautlos:* Dieb!

MURK Gespenst!

KRAGLER Geben Sie Obacht!

MURK Geben Sie auf Ihr Messer acht! Juckt es? Gespenst! Gespenst! Gespenst!

MARIE Sie Schwein! Sie Schwein!

KRAGLER Anna! Anna! Was tue ich? Schwindelnd über dem Meer voll Leichen: mich ersäuft es nicht. Rollend in den dunklen Viehwägen südlich: mir kann nichts geschehen. Brennend im feurigen Ofen: ich selbst brenne heißer. Einer wird irr in der Sonne: ich bin's nicht. Zwei fallen ins Wasserloch: ich schlafe weiter. Ich schieße Neger. Ich fresse Gras. Ich bin ein Gespenst.

In diesem Augenblick stürzt der Kellner ans Fenster, reißt auf. Die Musik bricht jäh ab, man hört erregte Rufe: Sie kommen! Ruhe! Der Kellner bläst das Kerzenlicht aus. Dann von draußen »Die Internationale«.

EIN MANN *tritt links in die Tür:* Meine Herrschaften, wir bitten um Ruhe. Sie werden ersucht, das Lokal nicht zu verlassen. Es sind Unruhen ausgebrochen. In den Zeitungsvierteln wird gekämpft. Die Lage ist unentschieden.

BALICKE *setzt sich schwer:* Spartakus! Ihre Freunde, Herr Andreas Kragler! Ihre dunklen Kumpane! Ihre Genossen, die in den Zeitungsvierteln brüllen und nach Mord und Brand riechen. Vieh! *Stille.* Vieh! Vieh! Vieh! Wer fragt, warum ihr Vieh seid: ihr freßt Fleisch! Ihr müßt ausgetilgt werden.

KELLNER Von euch! Die ihr euch fettgefressen habt!

MURK Wo haben Sie Ihr Messer! Zieh es heraus!

MARIE *mit dem Kellner auf ihn zu:* Willst du still sein!

KELLNER Das ist nicht menschlich! Ein Vieh ist das!

MURK Mach die Gardine zu! Gespenster!

KELLNER Sollen wir an die Wand gestellt werden, die wir eigenhändig gemacht haben und hinter der ihr euch Kirschwasser in die Leiber schlagt!

KRAGLER Das ist meine Hand und das ist meine Schlagader. Schlagt durch! Wenn ich kaputtgehe, da wird's schon bluten.

MURK Gespenst! Gespenst! Was bist du denn eigentlich? Soll ich mich verkriechen, weil du die afrikanische Haut umhast? Und in den Zeitungsvierteln brüllst? Was kann ich dafür, daß du in Afrika warst? Was kann ich dafür, daß ich nicht in Afrika war?

KELLNER Er muß sein Weib wiederkriegen! Es ist unmenschlich!

FRAU BALICKE *vor Anna, rasend:* Die sind ja alle krank! Die haben ja alle was! Syphilis! Syphilis! Alle haben sie die Syphilis!

BABUSCH *schlägt mit dem Stock auf den Tisch:* Das schlägt das Faß durch!

FRAU BALICKE Willst du mein Kind in Ruh lassen! Willst du es in Ruh lassen! Du Hyäne! Du Schwein, du!

ANNA Andree, ich will nicht! Ihr macht mich kaputt!

MARIE Du bist das Schwein!

KELLNER Das ist nicht menschlich. Es muß ein Recht geben.

FRAU BALICKE Schweig still! Du Lakai! Du Schuft, ich bestelle Kirschwasser, hörst du! Du wirst fortgejagt!

KELLNER Das ist das Menschliche! Das geht uns alle an! Er muß seine Frau doch ...

KRAGLER Geh weg da! Jetzt habe ich's satt! Was menschlich! Was will diese besäufte Hirschkuh! Ich bin allein gewesen und will meine Frau haben. Was will dieser weinerne Erzengel! Willst du ihren Unterleib verfeilschen wie ein Pfund Kaffee? Wenn ihr sie mit Eisenhaken von mir reißt, ihr zerfleischt sie nur!

KELLNER Ihr zerfleischt sie!

MARIE Ja, wie ein Pfund Kaffee!

BALICKE Und Geld keinen roten Heller.

BABUSCH Ihr haut ihm die Zähne ein, und er spuckt sie euch ins Gesicht!

MURK *zu Anna:* Was siehst du aus wie gespiene Milch und läßt dich von dem mit den Augen lecken? Mit einer Visage, als wenn du in Brennesseln gepißt hättest?!

BALICKE So sagst du von deiner Braut!

MURK Braut! Ist sie das? Ist sie meine Braut? Bricht sie nicht schon aus? Ist er wieder da? Liebst du ihn? Schwimmt die grüne Nuß hinunter? Juckt's dich nach afrikanischen Schenkeln? Weht der Wind daher?

BABUSCH Das hätten Sie in einem Stuhl nicht gesagt!

ANNA *immer mehr zu Kragler hin, betrachtet Murk angewidert. Leis:* Du bist ja betrunken.

MURK *reißt sie zu sich:* Zeig dein Gesicht! Bleck deine Zähne! Hure!

KRAGLER *hebt Murk einfach hoch, der Tisch klirrt unter Gläsern, Marie klatscht immerfort:* Sie stehen nicht ganz sicher, gehen Sie hinaus, kotzen Sie sich! Sie haben zuviel gesoffen. Sie fallen ja um. *Stößt ihn.*

MARIE Gib's ihm! Oh, gib's ihm!

KRAGLER Laß ihn liegen! Komm her zu mir, Anna! Jetzt will ich dich! Er hat mir die Stiefel abkaufen wollen, aber ich ziehe die Jacke aus. Der Eisregen ist durch meine Haut gegangen, daß sie rot ist, und in der Sonne platzt sie. Mein Sack ist leer, einen roten Heller habe ich nicht. Ich will dich, schön bin ich nicht. Mir ist der Steiß mit Grundeis gegangen bis jetzt, aber jetzt trinke ich. *Trinkt.* Und dann gehen wir. Komm!

MURK *ganz zusammengefallen, mit hängender Schulter zu Kragler, sagt fast ruhig:* Trinken Sie nicht! Sie wissen noch nicht alles! Lassen Sie's jetzt gut sein. Ich war betrunken. Aber Sie wissen noch nicht alles. Anna, – *ganz nüchtern* – sage es ihm! Was willst du tun? So wie du bist?

KRAGLER *hört ihn nicht:* Sei nicht bang, Anna! *Mit dem Kirsch-*
wasser: Es passiert dir nichts, fürchte dich nicht! Wir werden
heiraten. Es ist mir immer gut gegangen.

KELLNER Bravo!

FRAU BALICKE Du Schuft!

KRAGLER Wer ein Gewissen hat, dem scheißen die Vögel aufs
Dach! Wer Geduld hat, den fressen die Geier am Ende. Es
ist alles Krampf.

ANNA *kommt plötzlich ins Laufen, fällt über den Tisch:*
Andree! Hilf mir! Hilf, Andree!

MARIE Was haben Sie denn? Was ist denn?

KRAGLER *sieht erstaunt nach ihr:* Was ist?

ANNA Andree, ich weiß nicht, ich bin so elend, Andree! Ich
kann dir nichts sagen, du darfst nicht fragen. *Sieht auf.* Ich
kann dir nicht angehören. Gott weiß es. *Kragler entfällt das*
Glas. Und ich bitte dich auch, Andree, daß du gehst.
Stille. Im Nebenzimmer hört man den Mann von vorhin
fragen: Was ist es denn? Der Kellner antwortet ihm, zur
Tür links hinausredend.

KELLNER Der krokodilhäuterne Liebhaber aus Afrika hat vier
Jahre gewartet, und die Braut hat jetzt noch ihre Lilie in der
Hand. Aber der andere Liebhaber, ein Mensch mit Knopf-
stiefeln, gibt sie nicht frei, und die Braut, welche noch ihre
Lilie in der Hand hat, weiß nicht, an welcher Seite sie weg-
gehen soll.

STIMME Sonst nichts?

KELLNER Die Revolution in den Zeitungsvierteln spielt auch
eine Rolle und dann ist da ein Geheimnis, das die Braut hat,
etwas, das der Liebhaber aus Afrika, der vier Jahre gewartet hat, nicht weiß. Es ist ja noch ganz unentschieden.

STIMME Ist noch keine Entscheidung gefallen?

KELLNER Es ist noch ganz unentschieden.

BALICKE Kellner! Was ist das für ein Gesindel? Soll man hier
zwischen Wanzen Wein saufen? *Zu Kragler hin:* Haben Sie
es jetzt gehört? Sind Sie befriedigt? Halten Sie Ihren Rand!

Die Sonne war heiß, wie? Dafür war's Afrika. Steht im Geographiebuch. Und Sie waren ein Held? Wird im Geschichtsbuch stehen. Im Hauptbuch steht aber nichts. Deshalb wird der Held wieder nach Afrika gehen. Punktum. Kellner! Führen Sie das da hinaus!

Der Kellner nimmt Kragler ins Schlepptau, der langsam schwerfällig mitläuft. Links von ihm läuft die Prostituierte Marie.

BALICKE *Affenkomödie. Schreit Kragler nach, weil es zu still ist:* Wollten Sie Fleisch haben? Das ist keine Fleischauktion! Packen Sie Ihren roten Mond ein und singen Sie Ihren Schimpansen was vor. Was gehen mich Ihre Dattelbäume an! Sie sind überhaupt nur aus einem Roman. Wo haben Sie Ihren Geburtsschein? *Kragler ist hinaus.*

FRAU BALICKE Heul dich nur aus! Aber was hast du denn da, willst dich wohl unter den Tisch trinken mit dem Kirschwasser?

BALICKE Was hat sie denn überhaupt für 'n Gesicht? Das reinste Papier!

FRAU BALICKE Nein, sieh sie nur an, das Kind! Was fällt dir nur ein, da hört sich doch Verschiedenes auf!

ANNA *sitzt hinter dem Tisch, still, fast in den Gardinen, bösartig, und hat ein Glas vor sich.*

MURK *drauf zu, riecht am Glas:* Pfeffer, pfui Teufel! *Sie nimmt es ihm verächtlich weg.* Ach so?! – Ja zum Teufel, was fängst du denn mit dem Pfeffer an? Willst du nicht noch ein heißes Sitzbad? Dich muß man wohl mit den Händen zurechtrücken? Pfui Spinne! *Spuckt aus und wirft das Glas zu Boden.*

ANNA *lächelt.*

Man hört Maschinengewehre.

BABUSCH *am Fenster:* Es geht los, die Massen erheben sich, Spartakus steht auf. Der Mord geht weiter.

Alle stehen starr, horchen hinaus.

Dritter Akt

(WALKÜRENRITT)

Weg in die Zeitungsviertel

Rote Backsteinmauer einer Kaserne, von links oben nach rechts unten. Dahinter in verwestem Sternenlicht die Stadt. Nacht. Wind.

MARIE Wo läufst du denn hin?

KRAGLER *ohne Mütze, Kragen hoch, Hände in Hosentaschen, kam pfeifend:* Was ist das für eine rote Dattel?

MARIE Lauf doch nicht so!

KRAGLER Kommst du nicht nach?

MARIE Meinst du, es verfolgt dich jemand?

KRAGLER Willst du was verdienen? Wo hast du deine Kammer?

MARIE Aber das ist nicht gut.

KRAGLER Ja. *Will weiter.*

MARIE Ich habe es auf der Lunge.

KRAGLER Mußt du denn nach wie ein Hund?

MARIE Aber deine ...

KRAGLER Pst! Das wird ausgewischt! Abgewaschen! Durchgestrichen!

MARIE Und was wirst du anstellen bis morgen früh?

KRAGLER Es gibt Messer.

MARIE Jesus Maria ...

KRAGLER Sei ruhig, ich mag nicht, daß du so schreist, es gibt auch Schnaps. Was willst du? Ich kann das Lachen probieren, wenn es dir Spaß macht. Sag, haben sie dich auf die Treppe gelegt vor der Firmung? Streich durch! Rauchst du? *Er lacht.* Gehen wir weiter!

MARIE In den Zeitungsvierteln wird geschossen.

KRAGLER Vielleicht können sie uns dort brauchen. *Beide ab.*

Wind.
Zwei Männer in gleicher Richtung.

DER EINE Ich glaube, wir machen es hier.

DER ANDERE Niemand weiß, ob wir drunten noch könnten ...
Sie lassen ihr Wasser.

DER EINE Kanonen.

DER ANDERE Teufel! In der Friedrichstraße!

DER EINE Wo Sie gefälschten Methyl verschnitten haben!

DER ANDERE Man wird wahnsinnig von dem Mond allein!

DER EINE Wenn man verschmutzten Tabak verschoben hat!

DER ANDERE Ja, ich habe verschmutzten Tabak verschoben!
Aber Sie haben Menschen in Rattenlöcher gestopft!

DER EINE Was Ihnen das schon hilft!

DER ANDERE Allein werde ich nicht gehangen!

DER EINE Wissen Sie, was die Bolschewiken gemacht haben?
Hand vorzeigen! Keine Schwielen! Piff paff. *Der Andere
besieht die Hand.* Piff paff. Sie riechen ja schon!

DER ANDERE O Gott!

DER EINE Feine Sache, wenn Sie mit Ihrem steifen Hut heim-
kommen!

DER ANDERE Sie haben auch einen steifen Hut!

DER EINE Aber mit einer Dulle, mein Lieber.

DER ANDERE Die kann ich mir einhauen.

DER EINE Ihr steifer Kragen ist schlimmer als ein geseifter
Strick.

DER ANDERE Ich schwitze ihn durch, aber Sie haben Knopf-
stiefel!

DER EINE Und Ihr Bauch!

DER ANDERE Ihre Stimme!

DER EINE Ihr Blick! Ihre Gangart! Ihr Auftreten!

DER ANDERE Ja, das bringt mich an die Laterne, aber Sie haben
ein Gesicht mit Mittelschulbildung!

DER EINE Ich habe ein verkrüppeltes Ohr mit einem Schuß-
kanal, mein lieber Herr!

DER ANDERE Teufel! *Beide ab. Wind.*

Von links jetzt der ganze Walkürenritt: Anna, wie fliehend.
Neben ihr in einem Frackmantel, aber ohne Hut, der Kell-
ner Manke aus der Picadillybar, der sich wie besoffen auf-
führt. Hinter ihnen kommt Babusch, der Murk schleppt, der
betrunken ist, bleich und aufgedunsen.

MANKE Besinnen Sie sich nicht! Er ist fort! Weggeblasen! Die
Zeitungsviertel haben ihn vielleicht schon verschlungen! Sie
schießen allenthalben, in den Zeitungen passiert allerhand,
gerade diese Nacht, und er kann sogar erschossen werden.
Wie betrunken auf Anna einredend: Man kann fortlaufen,
wenn geschossen wird, aber man kann auch nicht fortlaufen.
Jedenfalls: in einer Stunde findet ihn kein Mensch mehr, er
geht auf wie Papier im Wasser. Er hat den Mond im Kopf.
Er läuft jeder Trommel nach. Gehen Sie! Retten Sie ihn, der
Ihr Geliebter war, nein, ist.

BABUSCH *wirft sich Anna entgegen:* Halt, der ganze Walkürenritt! Wo wollen Sie hin, es ist kalt und Wind geht auch, und
er ist in irgendwelchen Schnapskneipen gelandet. *Äfft den*
Kellner nach: Er, der vier Jahre gewartet hat, aber jetzt
findet ihn niemand mehr.

MURK Niemand, kein Mensch. *Er sitzt auf einem Stein.*

BABUSCH Und sehen Sie sich das da an!

MANKE Was geht das mich an! Schenken Sie ihm einen Mantel!
Verlieren Sie doch keine Zeit! Er, der vier Jahre gewartet
hat, jetzt läuft er schneller, als diese Wolken ziehen! Er ist
schneller weg, als dieser Wind weg ist!

MURK *apathisch:* Es war Farbe in dem Punsch. Und jetzt, wo
alles fertig ist! Die Wäsche beisammen, die Stuben gemietet.
Kommen Sie zu mir, Bab!

MANKE Was stehen Sie da wie Lots Weib? Das ist kein Go-
morrha! Imponiert Ihnen das besoffene Elend? Können Sie
noch anders herum? Ist es die Wäsche? Bleiben die Wolken
deswegen im Hintertreffen?

BABUSCH Was geht das eigentlich Sie an? Was gehen die Wolken Sie an? Sie sind doch Kellner!

MANKE Was das mich angeht? Sterne entgleisen glatt, wenn einen Menschen eine Gemeinheit kalt läßt! *Greift sich an den Hals.* Ich werde auch davongejagt. Mich faßt es auch am Hals! Man darf nicht kleinlich sein, wenn ein Mensch mit Grundeis geht.

BABUSCH Was sagen Sie? Grundeis? Wo steht denn das? Ich sage Ihnen: es wird etwas brüllen wie ein Stier in den Zeitungen, vor es Tag wird. Und das wird das Gesindel sein, das glaubt, jetzt können alte Rechnungen beglichen werden.

MURK *ist aufgestanden, greint:* Was ziehst du mich in dem Wind herum! Mir ist speiübel. Warum läufst du denn fort? Was ist denn? Ich brauche dich! Es ist nicht die Wäsche.

ANNA Ich kann nicht.

MURK Ich kann nicht mehr auf den Beinen stehen.

MANKE Setz dich! Du bist nicht der einzige! Es greift ein. Der Vater kriegt den Schlaganfall, das besäufte Känguruh weint. Aber die Tochter geht hinunter in die Quartiere. Zu ihrem Liebhaber, der vier Jahre gewartet hat.

ANNA Ich kann es nicht.

MURK Deine Wäsche, die hast du beisammen. Und die Möbel sind schon in den Zimmern.

MANKE Die Wäsche ist gefaltet, aber die Braut kommt nicht.

ANNA Meine Wäsche ist gekauft, ich habe sie in den Schrank gelegt, Stück für Stück, aber jetzt brauche ich sie nicht. Das Zimmer ist gemietet, und die Vorhänge sind schon oben, und die Tapeten fehlen nicht. Aber gekommen ist, der keinen Schuh hat und nur einen Rock, und darin sind die Motten.

MANKE Und die Zeitungsviertel verschlingen ihn! Der Schnapssalon wartet auf ihn! Die Nacht! Das Elend! Der Auswurf! Retten Sie ihn!

BABUSCH Und das alles ist das Stück: Der Engel in den Hafenkneipen.

MANKE Ja, der Engel!

MURK Und du willst hinunter? In die Friedrichstadt? Und nichts hält dich ab?

ANNA Ich weiß nichts.

MURK Nichts? Willst du nicht noch an das »andere« denken?

ANNA Nein, das will ich nicht mehr.

MURK Das »andere« willst du nicht mehr?

ANNA Das ist der Strick!

MURK Und der hält dich nicht?

ANNA Jetzt ist er los!

MURK Dein Kind ist dir gleich?

ANNA Es ist mir gleich.

MURK Weil der gekommen ist, der keinen Rock hat?

ANNA Ich habe ihn nicht gekannt!

MURK Er ist's ja nicht mehr! Du hast ihn nicht gekannt!

ANNA Er ist gestanden wie ein Stück Tier in der Mitte. Und ihr schlugt ihn wie ein Tier!

MURK Und er heulte wie ein altes Weib!

ANNA Und er heulte wie ein Weib.

MURK Und verzog sich und ließ dich sitzen da!

ANNA Und er ging fort und ließ mich sitzen da!

MURK Aus ist es mit ihm!

ANNA Und es ist aus mit ihm!

MURK Er ist fortgegangen ...

ANNA Aber als er fortging, und es war aus mit ihm ...

MURK Da war nichts, gar nichts.

ANNA Da war ein Wirbel hinter ihm und ein kleiner Zug und war sehr stark und war stärker als alles, und jetzt gehe ich fort und jetzt komme ich und jetzt ist es aus mit uns, mit mir und mit ihm. Denn wo ist er hin? Weiß Gott noch, wo er ist? Wie groß ist die Welt und wo ist er? *Sie sieht ruhig auf Manke und sagt leicht:* Gehen Sie in Ihre Bar, ich danke Ihnen, und bringen Sie ihn dorthin! Aber Sie, Bab, kommen Sie mit mir! *Und läuft nach rechts.*

MURK *quarrend:* Wo ist sie hin?

BABUSCH Jetzt geht aber der Walkürenritt in die Binsen, Junge.

MANKE Der Liebhaber ist schon verschollen, aber die Geliebte eilt ihm nach auf Flügeln der Liebe. Der Held ist zu Fall gebracht, aber die Himmelfahrt ist schon vorbereitet.

BABUSCH Aber der Liebhaber wird die Geliebte in den Rinnstein hauen und die Höllenfahrt vorziehen. O Sie romantisches Institut, Sie!

MANKE Schon entschwindet sie, die in die Zeitungsviertel eilt. Wie ein weißes Segel ist sie noch sichtbar, wie eine Idee, wie eine letzte Strophe, wie ein berauschter Schwan, der über die Gewässer fliegt . . .

BABUSCH Was soll mit der versoffenen Wiese da geschehen?

MURK Hier bleibe ich. Es ist kalt. Wenn es noch kälter wird, kommen sie zurück. Ihr wißt gar nichts, weil ihr das andere nicht wißt. Laßt sie laufen! Zwei nimmt er nicht! Eine hat er verlassen, und zwei laufen ihm nach. *Lacht.*

BABUSCH Jetzt entschwindet sie bei Gott wie eine letzte Strophe! *Stapft ihr nach.*

MANKE *ruft ihm nach:* Glubbs Destille, Chausseestraße! Die Prostituierte mit ihm verkehrt in Glubbs Destille! *Breitet noch einmal beide Arme, groß:* Die Revolution verschlingt sie, werden sie sich finden?

Vierter Akt

Eine kleine Schnapsdestille

Glubb, der Destillateur, in Weiß, singt zur Klampfe »Die Moritat vom toten Soldaten«. Laar und ein dunkler besoffener Mensch stieren ihm auf die Finger. Ein kleiner viereckiger Mann namens Bulltrotter liest die Zeitung. Manke, der Kellner, Bruder des Picadillybarmanke, trinkt mit der Prostituierten Auguste, und alle rauchen.

BULLTROTTER Ich will Schnaps haben und keinen toten Soldaten, ich will die Zeitung lesen und ich brauche Schnaps dazu, sonst verstehe ich sie nicht, zum Teufel!

GLUBB *mit einer kalten glasigen Stimme:* Ist es euch nicht gemütlich?

BULLTROTTER Ja, aber jetzt gibt es Revolution.

GLUBB Wozu? In meinem Lokal sitzt der Abschaum gemütlich, und der Lazarus singt.

DER BESOFFENE MENSCH Ich der Abschaum, du der Lazarus.

EIN ARBEITER *herein und zur Theke:* Tag, Karl.

GLUBB Eilig?

DER ARBEITER Elf Uhr Hausvogteiplatz.

GLUBB Haufen Gerüchte.

DER ARBEITER Im Anhalter sitzt die Gardeschützendivision seit sechs. Im »Vorwärts« noch alles in Ordnung. Heut könnten wir deinen Paule brauchen, Karl.
Stille.

MANKE Hier wird nicht von Paule gesprochen für gewöhnlich.

DER ARBEITER *zahlt:* Heut ist ungewöhnlich. *Ab.*

MANKE *zu Glubb:* Und im November war es nicht ungewöhnlich? Sie müssen eine Latte in der Hand haben und in die Finger ein Gefühl, was klebt.

GLUBB *kalt:* Der Herr wünscht was.

BULLTROTTER Freiheit! *Er zieht Jacke und Kragen aus.*

GLUBB Im Hemd trinken, das ist polizeilich verboten.

BULLTROTTER Reaktion.

MANKE Die Internationale probieren sie ein, vierstimmig mit Tremolo! Freiheit! Dann soll wohl'n Mann mit saubere Manschetten, der soll wohl dann die Toilette auswaschen?

GLUBB Sie machen den Marmor kaputt, der aus Holz ist.

AUGUSTE Die mit die weißen Manschetten, die sollen wohl nicht die Toilette auswaschen?

BULLTROTTER An die Wand mit dir, Junge!

AUGUSTE Da sollen mal die mit die weißen Manschetten sich auch gefälligst den Arsch zubinden.

MANKE Auguste, du bist ordinär.

AUGUSTE O schämt euch, ihr Schweine, die Gedärme gehören euch herausgerissen, aufgehängt gehört ihr dran, an die Laternen, die mit die Manschetten. Fräulein, nu machen Sie's mal billiger, wir haben den Krieg verloren! Lassen Sie die Liebe, wenn Sie nicht Zaster haben, und machen Sie nicht Krieg, wenn Sie nicht können! Tun Sie die Füße herunter, wo Damen sind! Soll ich Ihre Schweißfüße riechen, Sie Schubjack?

GLUBB Seine Manschetten sind gar nicht weiß.

DER BESOFFENE MENSCH Was ist das, was da so holpert?

MANKE Kanonen!

DER BESOFFENE MENSCH *grinst bleich die andern an:* Was ist das, was da so klirrt?
Glubb läuft ans Fenster, reißt es auf, sie hören Kanonen durch die Straße jagen. Alle ans Fenster.

BULLTROTTER Das ist das Maikäferregiment.

AUGUSTE Jesus Maria, wo fahren die hin?

GLUBB In die Zeitungen, Mensch! Das sind Zeitungsleser! *Er schließt das Fenster.*

AUGUSTE Jesus Maria, wer steht da in der Tür?

KRAGLER *wie besoffen schwankend, auf den Sohlen wippend, unter der Tür.*

MANKE Sie legen sich wohl'n Ei unter der Tür?

AUGUSTE Wer bist du?

KRAGLER *bösartig grinsend:* Niemand!

AUGUSTE Der Schweiß rinnt ihm ja in den Hals! Bist du so gelaufen?

DER BESOFFENE MENSCH Hast du den Durchfall?

KRAGLER Nein, ich habe nicht den Durchfall.

MANKE *quer zu ihm:* Also: was hast du ausgefressen, Junge? Die Visagen kenne ich.

MARIE *taucht hinter ihm auf:* Er hat nichts ausgefressen. Ich hab ihn eingeladen, Auguste, er hat keine Bleibe. Er ist in Afrika gewesen. Setz dich.

KRAGLER *bleibt in der Tür stehen.*

MANKE Gefangen?

MARIE Ja, und vermißt.

AUGUSTE Vermißt auch?

MARIE Und gefangen. Und inzwischen haben sie ihm seine Verlobte geklaut.

AUGUSTE Dann komm zu Mamma. Setz dich, Artillerist. *Zu Glubb:* Fünf Doppelkirsche, Karl!
Glubb schenkt fünf Gläser ein, und Manke stellt sie auf ein Tischchen.

GLUBB Mir haben sie vorige Woche ein Fahrrad geklaut.

KRAGLER *geht auf das Tischchen zu.*

AUGUSTE Erzähl was von Afrika!

KRAGLER *antwortet nicht, trinkt jedoch.*

BULLTROTTER Kotz dich aus. Der Wirt ist rot.

GLUBB Was bin ich?

BULLTROTTER Rot.

MANKE Benehmen Sie sich, mein Herr, hier ist nichts rot, bitte sehr.

BULLTROTTER Schön, denn nicht.

AUGUSTE Und was hast du gemacht da unten?

KRAGLER *zu Marie:* Neger in die Bäuche geschossen. Straßen gepflastert. – So, ist es die Lunge?

AUGUSTE Und wie lang?

KRAGLER *immer zu Marie:* Siebenundzwanzig.

MARIE Monate.

AUGUSTE Und vorher?

KRAGLER Vorher? Ich bin in einem Lehmloch gelegen.

BULLTROTTER Und was habt ihr da gemacht?

KRAGLER Gestunken.

GLUBB Ja, ihr konntet faulenzen, nach Noten.

BULLTROTTER Und in Afrika, wie sind da die Mentscher?

KRAGLER *schweigt.*

AUGUSTE Seien Sie nicht ordinär.

BULLTROTTER Wie Sie nach Hause kamen, da war sie nicht zu Hause, wie? Sie haben wohl gedacht, sie geht am Morgen nach den Kasernen und wartet da zwischen den Hunden auf Sie?

KRAGLER *zu Marie:* Soll ich ihn aufs Maul schlagen?

GLUBB Nein, noch nicht. Aber du kannst das Orchestrion spielen lassen, das kannst du.

KRAGLER *steht schwankend auf und salutiert:* Zu Befehl. *Er geht und läßt das Orchestrion spielen.*

BULLTROTTER Sentimentalitäten.

AUGUSTE Er hat nur ein Gefühl wie ein Leichnam; er lebt länger als er selber.

GLUBB Ja, ja, ja, ja. Es ist ihm ein kleines Unrecht geschehen. Da wächst Gras drüber.

BULLTROTTER Nanu, sind Sie nicht rot? Glubb, war da nicht die Rede von einem Neffen?

GLUBB Ja, da war die Rede davon. Nicht in diesem Lokal übrigens.

BULLTROTTER Nein, nicht in diesem Lokal. Bei Siemens.

GLUBB Für kurze Zeit.

BULLTROTTER Bei Siemens, für kurze Zeit. Da war er Dreher.

Da war er Dreher für kurze Zeit. Da war er Dreher bis November, wie?

DER BESOFFENE MENSCH *der bisher nur gelacht hat, singt:*

Meine Brüder, die sind tot
Und ich selbst wär's um ein Haar
Im November war ich rot
Aber jetzt ist Januar.

GLUBB Herr Manke, der Herr hier wünscht niemand zu belästigen. Sorgen Sie dafür.

KRAGLER *hat Auguste gefaßt und hopst mit ihr herum:*

»Ein Hund ging in die Küche
Und stahl dem Koch ein Ei
Da nahm der Koch sein Hackbeil
Und schlug den Hund entzwei.«

DER BESOFFENE MENSCH *von Lachen geschüttelt:* Dreher für kurze Zeit.

GLUBB Bitte, mir nicht die Gläser zu zerschmeißen, Artillerist!

MARIE Er ist jetzt besoffen. Jetzt ist ihm leichter.

KRAGLER Ist es ihm leichter? Tröste dich nur, Bruder Schnapsbottich, sag: das gibt es nicht.

AUGUSTE Trink du selber.

DER BESOFFENE MENSCH War da nicht die Rede von einem Neffen?

KRAGLER Was ist ein Schwein vor Gott dem Herrn, Schwester Prostituierte? Es ist nichts.

DER BESOFFENE MENSCH Nicht in diesem Lokal.

KRAGLER Denn warum? Kann man das Militär abschaffen oder den lieben Gott? Kannst du abschaffen, daß es Folterqualen gibt, roter Herr, und die Folterqualen, die die Menschen den Teufel gelehrt haben? Du kannst es nicht abschaffen, aber Schnaps kannst du ausschenken. Darum trinkt und macht die Tür zu und laßt den Wind nicht herein, den es auch friert, sondern tut das Holz vor!

BULLTROTTER Der Wirt sagt, dir ist eben ein kleines Unrecht geschehen, da wächst Gras drüber, sagt er.

KRAGLER Wächst es? Hast du Unrecht gesagt, Bruder roter Herr? Was für ein Wort das wieder ist, Unrecht! Lauter solche kleine Wörter erfinden sie und blasen sie in die Luft, und dann können sie sich zurücklegen, und dann wächst das Gras. Und der große Bruder haut den kleinen aufs Maul, und der Fette klaut die fette Milch, da wächst das Gras gut.

DER BESOFFENE MENSCH Übern Neffen! Von dem nicht die Rede ist!

KRAGLER

»Da kamen die andern Hunde
Und gruben dem Hund das Grab
Und setzten ihm einen Grabstein
Der folgende Inschrift hat:

Ein Hund ging in die Küche . . .«

Und darum, macht euch's bequem auf dem kleinen Stern, es ist kalt hier und etwas finster, roter Herr, und die Welt ist zu alt für die bessere Zeit und der Himmel ist schon vermietet, meine Lieben.

MARIE Was sollen denn wir tun? Er sagt, er will in die Zeitungsviertel gehen, dort ist es, aber was ist in den Zeitungsvierteln?

KRAGLER Es fährt eine Droschke in die Picadillybar.

AUGUSTE Sitzt sie drin?

KRAGLER Da sitzt sie drin. Mein Puls ist ganz gewöhnlich, ihr könnt herfühlen. *Streckt die Hand hin, trinkt mit der andern.*

MARIE Er heißt Andree.

KRAGLER Andree. Ja, Andree hab ich geheißen. *Er fühlt immer noch abwesend seinen Puls.*

LAAR Es waren hauptsächlich Kiefern, kleine.

GLUBB Jetzt geht dem Stein das Maul auf.

BULLTROTTER Und da hast du verkauft, du Dummkopf?

LAAR Ich?

BULLTROTTER Ah, die Bank! Interessant, Glubb, aber nicht in diesem Lokal.

GLUBB Seid ihr beleidigt? Aber ihr könnt euch beherrschen. Na, dann laßt euch beherrschen! Halt dich ruhig, wenn sie dir die Haut abziehen, Artillerist, sonst geht sie entzwei, es ist deine einzige. *Immer mit Gläsern beschäftigt:* Ja, ihr seid etwas beleidigt, man hat euch ja mit Kanonen und Säbeln abgeschlachtet, etwas beschissen und ein wenig bespien. Und wenn schon!

BULLTROTTER *auf die Gläser:* Sind sie immer noch nicht sauber?

DER BESOFFENE MENSCH Wasche mich, Herr, daß ich weiß werde! Wasche mich, daß ich schneeweiß werde! *Singt:*

Meine Brüder, die sind tot, ja tot.
Selber wär ich's beinah um ein Haar.
Im November war ich rot, ja rot
Aber jetzt ist Januar.

GLUBB Das ist genug.

AUGUSTE Ihr Feiglinge!

ZEITUNGSFRAU *herein:* Spartakus im Zeitungsviertel! Die rote Rosa spricht unter freiem Himmel im Tierpark! Wie lange noch die Pöbelkrawalle? Wo ist das Militär? Zehn Pfennige, Herr Artillerist? Wo ist das Militär, zehn Pfennige. *Ab, da niemand kauft.*

AUGUSTE Und kein Paule!

KRAGLER Pfeift es wieder?

GLUBB *schließt den Schrank, wischt sich die Hände ab:* Das Lokal ist geschlossen.

MANKE Los, Auguste! Du bist nicht gemeint, aber los! *Zu Bull-*
trotter: Was ist mit Ihnen, Herr? Zwei Mark sechzig.

BULLTROTTER Ich bin am Skagerrak gewesen, das war auch
keine Brautnacht.
Aufbruch.

DER BESOFFENE MENSCH *den Arm um Marie:*

Eine Kanaille engelsgut
Schwamm mit ihm durch die Tränenflut.

KRAGLER In die Zeitungen mit uns!

»Ein Hund ging in die Küche
Und stahl dem Koch ein Ei
Da nahm der Koch sein Hackbeil
Und schlug den Hund entzwei.«

Laar schwankt zum Orchestrion, reißt die Trommel los und
geht wirbelnd hinter den andern her hinaus.

Fünfter Akt

(DAS BETT)

Holzbrücke

Geschrei, großer roter Mond.

BABUSCH Sie sollten heimgehen.

ANNA Ich kann es nicht mehr. Was hilft es, ich habe vier Jahre gewartet mit der Photographie und einen andern genommen. Ich hatte nachts Angst.

BABUSCH Ich habe keine Zigarre mehr. Gehen Sie überhaupt nicht mehr heim?

ANNA Hören Sie!

BABUSCH Sie fetzen Zeitungen in die Regenlachen, schreien Maschinengewehre an, schießen sich ins Ohr, meinen, sie machen eine neue Welt. Da kommt wieder ein Haufen von ihnen.

ANNA Das ist er!

Es kommt mit den Nahenden eine große Unruhe in die Gassen. In vielen Richtungen erwacht Geschieße.

ANNA Jetzt sage ich es ihm!

BABUSCH Den Mund halte ich Ihnen zu!

ANNA Ich bin kein Tier! Jetzt schreie ich!

BABUSCH Und ich habe keine Zigarre mehr!

Zwischen den Häusern heraus Glubb, Laar, der besoffene Mensch, die zwei Weiber, der Kellner Manke aus der Schnapsdestille und Andreas Kragler.

KRAGLER Ich bin heiser. Das Afrika wächst mir zum Halse heraus. Ich hänge mich auf.

GLUBB Kannst du dich nicht morgen aufhängen und jetzt mit in die Zeitungen gehen?

KRAGLER *stiert auf Anna hin:* Ja.

AUGUSTE Hast du eine Erscheinung?

MANKE Mensch, deine Haare sträuben sich ja!

GLUBB Ist sie es?

KRAGLER Ja, was ist, bleibt ihr stehen? An die Wand mit euch! Marsch, marsch, immer marsch!

ANNA *tritt ihm entgegen:* Andree!

DER BESOFFENE MENSCH Hoch das Bein, die Liebe winkt!

ANNA Andree, bleib stehen, ich bin es, ich wollte dir etwas sagen. *Stille.* Ich wollte dich auf etwas aufmerksam machen, bleib ein wenig stehen, ich bin nicht betrunken. *Stille.* Du hast auch keine Mütze, es ist kalt. Ich muß dir etwas ins Ohr sagen.

KRAGLER Bist du betrunken?

AUGUSTE Da kommt ihm die Braut nach, und die Braut ist besoffen!

ANNA Ja, was sagst du? *Geht ein paar Schritte.* Ich habe ein Kind.

AUGUSTE *lacht gellend.*

KRAGLER *schwankt, schielt nach der Brücke, harpft herum, als probiere er das Gehen.*

AUGUSTE Bist du ein Fisch, daß du nach Luft schnappst?

MANKE Du glaubst wohl, du schläfst?

KRAGLER *die Hände an der Hosennaht:* Zu Befehl!

MANKE Sie hat ein Kind. Kinder kriegen, das ist ihr Geschäft. Komm jetzt!

KRAGLER *steif:* Zu Befehl! Wohin?

MANKE Er ist irrsinnig geworden.

GLUBB Bist du nicht eines Tages in Afrika gewesen?

KRAGLER Marokko, Casablanca, Hütte 10.

ANNA Andree!

KRAGLER *horcht:* Horch, meine Braut, die Hure! Sie ist gekommen, sie ist da, sie hat den Bauch voll!

GLUBB Sie ist etwas blutarm, nicht?

KRAGLER St! Ich war es nicht, ich bin es nicht gewesen.

ANNA Andree, es sind Leute da!

KRAGLER Ist dein Leib von der Luft geschwollen oder bist du eine Hure geworden? Ich bin fortgewesen, ich konnte nicht auf dich schauen. Ich bin im Dreck gelegen. Wo bist du gelegen, als ich im Dreck gelegen bin?

MARIE Sie sollten nicht so reden. Was wissen denn Sie?

KRAGLER Und dich wollte ich sehen! Jetzt läge ich, wo ich hingehöre, hätte Wind im Schädel, hätte Staub im Munde und wüßte nichts. Aber das wollte ich noch sehen. Ich tat's nicht billiger. Ich habe Treber gefressen. Die waren bitter. Ich bin aus dem Lehmloch gekrochen auf allen vieren. Das war witzig! Ich Schwein! *Reißt die Augen auf.* Seht ihr da zu, he? Habt ihr Freibilletten? *Er hebt Erdklumpen auf und schmeißt sie um sich.*

AUGUSTE Haltet ihn nieder!

ANNA Wirf zu, Andree! Wirf zu! Hierher wirf!

MARIE Tut die Frau weg, er wirft sie tot!

KRAGLER Geht zum Teufel! Da habt ihr alles, was ihr braucht. Mäuler auf! Es gibt nichts sonst.

AUGUSTE Den Kopf nach unten! In den Dreck, den Kopf!

Die Männer halten ihn gegen den Boden.

AUGUSTE Jetzt aber verduften Sie bitte, Fräulein!

GLUBB *zu Anna:* Ja, gehen Sie jetzt heim, die Morgenluft schadet den Eierstöcken.

BABUSCH *klatscht quer über den Kampfplatz zu Kragler hin und erklärt ihm, seine zerknautschte Zigarre kauend:* Jetzt wissen Sie, wo die Kugel im Fleisch sitzt. Sie sind der liebe Gott, Sie haben gedonnert. Die Frau ihrerseits ist schwanger, sie kann auf dem Stein nicht sitzen bleiben, die Nächte sind kühl, vielleicht sagen Sie was . . .

GLUBB Ja, vielleicht sagst du was.

Die Männer lassen Kragler hoch.

Es ist still, Wind geht, zwei Männer gehen eilends vorüber.

DER EINE Das Ullsteinhaus haben sie.

DER ANDERE Und vor Mosse fährt Artillerie auf.

DER EINE Wir sind viel zu wenige.

DER ANDERE Viele sind noch unterwegs.

DER EINE Viel zu spät.

Sie sind vorbei.

AUGUSTE Da habt ihr's! Macht Schluß jetzt!

MANKE Schmeißt ihm die Antwort in die Fresse, dem Bourgeois und seiner Hure!

AUGUSTE *will Kragler mitzerren:* Komm mit in die Zeitungen, Junge! Die Haare wachsen dir schon wieder auf den Zähnen.

GLUBB Laß sie in Ruh da auf ihrem Stein! Um sieben Uhr geht die Untergrundbahn.

AUGUSTE Heute geht keine Untergrundbahn.

DER BESOFFENE MENSCH Vorwärts, hinein in das Hosianna!

Anna ist wieder aufgestanden.

MARIE *besieht sie:* Weiß wie Leinen.

GLUBB Etwas blaß und etwas dünn.

BABUSCH Sie geht in die Binsen.

GLUBB Das scheint nur so, das ist das ungünstige Licht. *Besieht den Himmel.*

AUGUSTE Da kommen sie vom Wedding.

GLUBB *die Hände reibend:* Du bist ja auch mit den Kanonen gekommen. Vielleicht gehörst du dazu! *Kragler schweigt.* Du sagst nichts, das ist weise! *Herumgehend:* Dein Rock ist dir etwas geschossen, und im ganzen bist du etwas abgeblaßt, ein wenig abgefieselt. Aber das macht ja nicht viel. Ein wenig unangenehm sind vielleicht nur deine Schuhe, die knarren. Aber die kannst du ja einfetten. *Er schnuppert in die Luft.* Freilich sind seit elf Uhr ein paar Sternenhimmel hinabgeschwommen und einige Heilande haben die Spatzen gefressen, aber gut, daß du noch da bist. Nur deine Verdauung macht mir noch Beschwerden. Immerhin, durch dich geht das Licht noch nicht durch, dich sieht man wenigstens.

KRAGLER Komm her, Anna!

MANKE »Komm her, Anna!«

ANNA Wo ist die Untergrundbahn, ihr?

AUGUSTE Untergrundbahn ist heute nicht. Heute gibt es keine

Untergrundbahn, keine Hochbahn, keine Stadtbahn, den ganzen Tag. Heute ist Ruhe überallhin, auf allen Bahnen stehen die Züge heute, und wir gehen herum wie die Menschen, bis zum Abend, meine Liebe.

KRAGLER Komm zu mir her, Anna!

GLUBB Willst du nicht noch etwas mitgehen, Bruder Artillerist?

KRAGLER *schweigt.*

GLUBB Einige von uns hätten gern noch einige Korn getrunken, aber du warst dagegen. Einige wären gern noch einmal in einem Bett gelegen, aber du hattest kein Bett, und so wurde es auch nichts aus dem Nachhausegehen.

KRAGLER *schweigt.*

ANNA Willst du nicht gehen, Andree? Die Herren warten.

MANKE Mensch, so tu doch die Flosse aus dem Sack!

KRAGLER Schmeißt Steine auf mich, hier stehe ich: ich kann das Hemd ausziehen für euch, aber den Hals hinhalten ans Messer, das will ich nicht.

DER BESOFFENE MENSCH Himmel, Arsch und Zwirn.

AUGUSTE Und und und die Zeitungen?

KRAGLER Es hilft nichts. Ich lasse mich nicht noch im Hemd in die Zeitungen schleifen. Ich bin kein Lamm mehr. Ich will nicht verrecken. *Zieht die Tabakspfeife aus dem Hosensack.*

GLUBB Ist das nicht ein wenig bettelhäftig?

KRAGLER Mensch, sie schießen dich schwarz in deine Brust! Anna! Wie schaust du denn, zum Teufel? Soll ich mich vor dir auch noch verteidigen? *Zu Glubb:* Dir haben sie den Neffen abgeschossen, aber ich habe meine Frau wieder. Anna, komm!

GLUBB Ich glaube, wir können allein weitergehen.

AUGUSTE Dann war also alles, Afrika und alles, Lüge?

KRAGLER Nein, es war wahr! Anna!

MANKE Der Herr hat geschrien wie ein Börsenmakler, und jetzt will er ins Bett.

KRAGLER Jetzt habe ich die Frau.

MANKE Hast du sie?!

KRAGLER Her, Anna! Sie ist nicht unbeschädigt, unschuldig ist sie nicht, bist du anständig gewesen oder hast du einen Balg im Leibe?

ANNA Einen Balg, ja, das habe ich.

KRAGLER Das hast du.

ANNA Hier drinnen ist er, der Pfeffer hat nicht geholfen und meine Hüften sind hin für immer.

KRAGLER Ja, so ist sie.

MANKE Und wir? Mit Schnaps getränkt bis ans Herz und mit Geschwätz gefüttert bis zum Nabel, und die Messer in unseren Pfoten, von wem sind die?

KRAGLER Die sind von mir. *Zu Anna:* Ja, so eine bist du.

ANNA Ja, so eine bin ich.

AUGUSTE Du hast wohl gar nicht »In die Zeitungen!« geschrien?

KRAGLER Doch, das habe ich. *Zu Anna:* Geh her!

MANKE Ja, das hast du, das wird dich auffressen, Junge, »In die Zeitungen!« hast du geschrien.

KRAGLER Und heim gehe ich. *Zu Anna:* Soll ich dir Beine machen?

AUGUSTE Schwein!

ANNA Laß mich! Vater und Mutter habe ich etwas vorgespielt und im Bett bin ich gelegen mit einem Junggesellen.

AUGUSTE Schwein auch du!

KRAGLER Was hast du?

ANNA Die Vorhänge habe ich mit ihm gekauft. Und geschlafen habe ich mit ihm im Bett.

KRAGLER Halt's Maul!

MANKE Mensch, ich hänge mich auf, wenn du wankst!
Hinten fernes Geschrei.

AUGUSTE Und jetzt stürmen sie Mosse.

ANNA Und dich habe ich ganz und gar vergessen, trotz der Photographie, mit Haut und Haar.

KRAGLER Halt das Maul!

ANNA Vergessen! Vergessen!

KRAGLER Und ich pfeif drauf. Soll ich dich mit dem Messer
  holen?

ANNA Ja, hol mich. Ja, mit dem Messer!

MANKE Ins Wasser, das Aas!
  Sie stürzen sich auf Anna.

AUGUSTE Ja, holt ihm das Mensch weg.

MANKE Eine Hand in den Hals!

AUGUSTE Unters Wasser, das Schiebermensch!

ANNA Andree!

KRAGLER Hände weg!
  *Man hört nur Keuchen. In der Ferne fallen unregelmäßig
  dumpfe Kanonenschüsse.*

MANKE Was ist das?

AUGUSTE Artillerie.

MANKE Kanonen.

AUGUSTE Jetzt gnade Gott allen, die dort sind. Sie explodieren
  wie die Fische!

KRAGLER Anna!

AUGUSTE *läuft geduckt nach hinten.*

BULLTROTTER *taucht hinten auf der Brücke auf:* Teufel, wo
  bleibt ihr?

GLUBB Er geht auf den Abtritt.

MANKE Schuft! *Abgehend.*

KRAGLER Ich gehe jetzt heim, mein lieber Schwan.

GLUBB *schon auf der Brücke:* Ja, deine Hoden hast du noch.

KRAGLER *zu Anna:* Es pfeift wieder, häng dich an meinen
  Hals, Anna.

ANNA Ich will mich auch ganz dünne machen.

GLUBB Du hängst dich ja doch auf, morgen früh, im Abtritt.

AUGUSTE *ist mit den anderen schon verschwunden.*

KRAGLER Du läufst an die Wand, Mensch.

GLUBB Ja, der Morgen riecht viel, mein Junge. Einige freilich
  bringen sich wohl in Sicherheit. *Er verschwindet.*

KRAGLER Fast ersoffen seid ihr in euren Tränen über mich, und
  ich habe nur mein Hemd gewaschen mit euren Tränen! Mein

Fleisch soll im Rinnstein verwesen, daß eure Idee in den Himmel kommt? Seid ihr besoffen?

ANNA Andree! Es macht nichts!

KRAGLER *sieht ihr nicht ins Gesicht, trollt sich herum, langt sich an den Hals:* Ich hab's bis zum Hals! *Er lacht ärgerlich.* Es ist gewöhnliches Theater. Es sind Bretter und ein Papiermond und dahinter die Fleischbank, die allein ist leibhaftig. *Er läuft wieder herum, die Arme hängend bis zum Boden, und so fischt er die Trommel aus der Schnapskneipe. Sie haben ihre Trommel liegenlassen. Er haut drauf.* Der halbe Spartakus oder Die Macht der Liebe. Das Blutbad im Zeitungsviertel oder Jeder Mann ist der beste Mann in seiner Haut. *Sieht auf, blinzelt.* Entweder mit dem Schild oder ohne den Schild. *Trommelt.* Der Dudelsack pfeift, die armen Leute sterben im Zeitungsviertel, die Häuser fallen auf sie, der Morgen graut, sie liegen wie ersäufte Katzen auf dem Asphalt, ich bin ein Schwein, und das Schwein geht heim. *Er zieht den Atem ein.* Ich ziehe ein frisches Hemd an, meine Haut habe ich noch, meinen Rock ziehe ich aus, meine Stiefel fette ich ein. *Lacht bösartig.* Das Geschrei ist alles vorbei, morgen früh, aber ich liege im Bett morgen früh und vervielfältige mich, daß ich nicht aussterbe. *Trommelt.* Glotzt nicht so romantisch! Ihr Wucherer! *Trommelt.* Ihr Halsabschneider! *Aus vollem Halse lachend, fast erstickend:* Ihr blutdürstigen Feiglinge, ihr! *Sein Gelächter bleibt stecken im Hals, er kann nicht mehr, er torkelt herum, schmeißt die Trommel nach dem Mond, der ein Lampion war, und die Trommel und der Mond fallen in den Fluß, der kein Wasser hat.* Besoffenheit und Kinderei. Jetzt kommt das Bett, das große, weiße, breite Bett, komm!

ANNA O Andree!

KRAGLER *führt sie hinter.* Hast du auch warm?

ANNA Aber du hast keine Jacke an. *Sie hilft ihm hinein.*

KRAGLER Es ist kalt. *Er legt ihr den Schal um den Hals.* Komm jetzt!

Die beiden gehen nebeneinander, ohne Berührung, Anna etwas hinter ihm. In der Luft, hoch, sehr fern, ein weißes, wildes Geschrei: das ist in den Zeitungen.

KRAGLER *hält ein, horcht, legt stehend den Arm um Anna:* Jetzt sind es vier Jahre.

Während das Geschrei andauert, gehen sie weg.

Im Dickicht der Städte

Der Kampf zweier Männer in der Riesenstadt Chicago

Sie befinden sich im Jahre 1912 in der Stadt Chicago. Sie be-
trachten den unerklärlichen Ringkampf zweier Menschen und
Sie wohnen dem Untergang einer Familie bei, die aus den Sa-
vannen in das Dickicht der großen Stadt gekommen ist. Zer-
brechen Sie sich nicht den Kopf über die Motive dieses Kamp-
fes, sondern beteiligen Sie sich an den menschlichen Einsätzen,
beurteilen Sie unparteiisch die Kampfform der Gegner und
lenken Sie Ihr Interesse auf das Finish.

Personen

Shlink, der Holzhändler, ein Malaie · George Garga · John
Garga, sein Vater · Maë Garga, seine Mutter · Marie Garga,
seine Schwester · Jane Larry, seine Freundin · Skinny, ein Chi-
nese, Shlinks Schreiber · Collie Couch, genannt der Pavian, ein
Zuhälter · J. Finnay, genannt der Wurm, Hotelbesitzer · Pat
Manky, der Steuermann · Ein Geistlicher der Heilsarmee · Der
Stulpnasige · Der Wirt · C. Maynes, Leihbibliothekbesitzer ·
Kellner · Eisenbahnarbeiter

I

C. MAYNES' LEIHBIBLIOTHEK IN CHICAGO

Am Vormittag des 8. August 1912

*Garga hinter dem Ladentisch. Eintreten Shlink und Skinny
nach einem Klingelzeichen.*

SKINNY Wenn wir recht gelesen haben, ist dies hier eine Leihbibliothek. Da möchten wir ein Buch ausleihen.

GARGA Was für ein Buch?

SKINNY Ein dickes.

GARGA Für Sie selber?

SKINNY *der vor jeder Antwort Shlink ansieht:* Nein, ich bin
es nicht, sondern dieser Herr ist es.

GARGA Ihr Name?

SKINNY Shlink, Holzhändler, 6, Mulberry Street.

GARGA *schreibt den Namen auf:* Fünf Cent per Woche und
Buch. Wählen Sie aus.

SKINNY Nein, Sie sollen wählen.

GARGA Das ist ein Kriminalroman, kein gutes Buch. Das da ist
ein besseres Buch, eine Reisebeschreibung.

SKINNY Sie sagen einfach: das ist ein schlechtes Buch?

SHLINK *tritt näher:* Ist das eine Ansicht von Ihnen? Ich möchte
Ihnen diese Ansicht abkaufen. Sind zehn Dollar zu wenig
dafür?

GARGA Ich schenke sie Ihnen.

SHLINK Das heißt, Sie ändern Ihre Ansicht dahin ab, daß es
ein gutes Buch ist?

GARGA Nein.

SKINNY Sie könnten sich frische Wäsche dafür kaufen.

GARGA Ich habe hier lediglich Bücher einzuwickeln.

SKINNY Es stößt die Kunden ab.

GARGA Was wollen Sie von mir? Ich kenne Sie nicht, habe Sie nie gesehen.

SHLINK Ich biete Ihnen vierzig Dollar für Ihre Ansicht über dieses Buch, das ich nicht kenne und das gleichgültig ist.

GARGA Ich verkaufe Ihnen die Ansichten von Mr. J. V. Jensen und Mr. Arthur Rimbaud, aber ich verkaufe Ihnen nicht meine Ansicht darüber.

SHLINK Und auch Ihre Ansicht ist gleichgültig, außer, daß ich sie kaufen will.

GARGA Ich leiste mir aber Ansichten.

SKINNY Sind Sie aus einer transatlantischen Millionärsfamilie?

GARGA Meine Familie ernährt sich von faulen Fischen.

SHLINK *freut sich:* Ein Kämpfer! Denn man sollte erwarten, daß Sie die Worte, die mir Vergnügen machen und Ihrer Familie von den Fischen helfen, über die Lippen brächten.

SKINNY Vierzig Dollar! Das ist ein Haufen Wäsche für Sie und Ihre Familie.

GARGA Ich bin keine Prostituierte.

SHLINK *humoristisch:* Ich denke, ich greife nicht in Ihr Seelenleben ein mit fünfzig Dollar.

GARGA Diese Steigerung Ihres Angebotes ist eine neue Beleidigung, Sie wissen es.

SHLINK *naiv:* Man muß wissen, was besser ist: ein Pfund Fische oder eine Ansicht und dergleichen: zwei Pfund Fische oder die Ansicht.

SKINNY Lieber Herr, reiten Sie sich nur nicht hinein!

GARGA Ich lasse Sie hinauswerfen.

SKINNY Daß Sie Ansichten haben, das kommt, weil Sie nichts vom Leben verstehen.

SHLINK Miß Jane Larry sagt, Sie wollten nach Tahiti!

GARGA Ich möchte wissen, woher Sie Jane Larry kennen.

SHLINK Da ihre Hemden nicht mehr bezahlt werden, die sie näht, nagt sie am Hungertuch. Jetzt ist es drei Wochen her, daß Sie sich nicht mehr bei ihr haben blicken lassen.

Garga entfällt ein Stapel von Büchern.

SKINNY Aufgepaßt! Sie sind hier Angestellter!

GARGA Ich kann nichts tun gegen Ihre Belästigungen.

SHLINK Sie sind arm.

GARGA Ich nähre mich von Reis und Fischen, wir wissen es.

SHLINK Verkaufen Sie!

SKINNY Sind Sie der Ölkönig?

SHLINK Ihre Straße bemitleidet Sie.

GARGA Ich kann nicht eine ganze Straße niederknallen.

SHLINK Ihre Familie, die aus dem flachen Land kam . . .

GARGA Schläft zu dritt neben einem geplatzten Ausgußrohr. Ich rauche abends, um schlafen zu können. Die Fenster sind geschlossen, da Chicago kalt ist, wenn es Ihnen Spaß macht.

SHLINK Gewiß, Ihre Geliebte . . .

GARGA Näht Hemden zu zwei Dollar das Stück. Reingewinn zwölf Cent. Ich empfehle sie Ihnen. Wir sind sonntags zusammen. Die Flasche Whisky kostet achtzig Cent, nicht mehr und nicht weniger als achtzig Cent, wenn es Sie unterhält.

SHLINK Die Hintergedanken werfen Sie nicht auf den Tisch.

GARGA Nein.

SHLINK Da man von zwölf Cent Reingewinn nicht lebt.

GARGA Man wählt sich seine Unterhaltung nach Geschmack. Man liebt Tahiti, wenn Sie nichts dagegen haben.

SHLINK Sie sind gut unterrichtet. Das ist das einfache Leben. An dem Kap Hay kommen noch Stürme vor, weiter südlich sind die Tabakinseln, grüne raschelnde Felder. Man lebt wie eine Eidechse.

GARGA *schaut durchs Fenster, trocken:* Vierundneunzig Grad im Schatten. Lärm von der Milwaukeebrücke. Der Verkehr. Ein Vormittag. Wie immer.

SHLINK Und an diesem Vormittag, der nicht wie immer ist, eröffne ich den Kampf gegen Sie. Ich beginne ihn damit, daß ich Ihre Plattform erschüttere. *Es schellt. Maynes tritt ein.* Ihr Mann streikt.

MAYNES Warum bedienen Sie die Herren nicht, George?

SKINNY *scharf:* Er verkehrt mit uns auf gespanntem Fuße.

MAYNES Was heißt das?

SKINNY Wir haben seine fettige Wäsche degoutiert.

MAYNES Wie kommen Sie ins Geschäft, Garga? Ist das eine Speiseanstalt? Es soll nicht mehr vorkommen, Gentlemen.

SKINNY Er sagt was! Er flucht in seine Hemdärmel. Warum reden Sie nicht mit der Stimme, die Ihnen Gott verliehen hat?

GARGA Ich bitte Sie, mir andere Wäsche anzuweisen, Mr. Maynes. Mit fünf Dollar die Woche kann ich keine Prostitution aufmachen.

SHLINK Fahren Sie nach Tahiti. Man wäscht sich dort nicht.

GARGA Ich danke Ihnen. Ihre Fürsorge ist rührend. Ich werde meine Schwester für Sie in die Kirche schicken.

SHLINK Ich bitte Sie darum. Sie hat nichts zu tun. Manky, ein geeigneter Mann für Ihre Schwester, läuft sich die Stiefelsohlen ab, und Ihre Schwester verzieht nicht die Miene, wenn ihre Eltern darben.

GARGA Haben Sie ein Detektivbüro? Ihr Interesse für uns ist hoffentlich schmeichelhaft.

SHLINK Sie kneifen einfach die Augen zu. Die Familienkatastrophe ist unaufhaltsam. Nur Sie verdienen, und Sie leisten sich Ansichten. Dabei könnten Sie nach Tahiti fahren. *Zeigt ihm eine mitgebrachte Seekarte.*

GARGA Ich habe Sie zeit meines Lebens nie gesehen.

SHLINK Es gibt zwei Schiffahrtslinien.

GARGA Sie haben die Karte erst frisch gekauft, was? Sie ist neu.

SKINNY Überlegen Sie sich den Stillen Ozean!

GARGA *zu Maynes:* Ich bitte Sie, die Herren hinauszuweisen. Sie kaufen nichts. Sie vertreiben die Kunden. Sie haben mich ausspioniert. Ich kenne sie nicht.

Eintritt Finnay, genannt der Wurm. Shlink und Skinny treten zurück, ohne ein Zeichen des Erkennens zu geben.

DER WURM Ist das C. Maynes' Leihbibliothek?

MAYNES In eigener Person.

DER WURM Ein verdammt finsteres Etablissement.

MAYNES Wünschen Sie Bücher, Magazine, Briefmarken?

DER WURM Das sind also Bücher? Ein schmieriges Geschäft! Wozu gibt es das? Es gibt genug Lügen. »Der Himmel war schwarz, nach Osten zogen Wolken.« Warum nicht nach Süden? Was dieses Volk alles in sich hineinfrißt.

MAYNES Ich will Ihnen das Buch einwickeln, Herr.

SKINNY Warum lassen Sie ihn nicht verschnaufen? Und sieht der Herr, frage ich, aus wie ein Bücherwurm?

GARGA Es ist ein Komplott.

DER WURM Wahrhaftig! Sie sagt: »Wenn du mich küßt, sehe ich immer deine hübschen Zähne.« Wie kann man sehen, wenn man küßt? Aber so ist sie. Die Nachwelt erfährt es. Das geile Biest. *Er tritt mit dem Absatz auf den Büchern herum.*

MAYNES Oho, Herr, Sie werden die demolierten Exemplare bezahlen!

DER WURM Bücher! Wozu helfen sie? Wurde das Erdbeben von San Franzisko aufgehalten durch Bibliotheken?

MAYNES Holen Sie den Sheriff, George.

DER WURM Ich habe ein Branntweingeschäft – das ist eine ehrenwerte Arbeit.

GARGA Er ist nicht betrunken.

DER WURM Ich bebe am ganzen Leib wie Espenlaub, wenn ich solche Tagediebe sehe.

GARGA Es ist eine ausgemachte Sache. Ich bin es, gegen den es geht.
Eintritt Couch, genannt der Pavian, mit Jane Larry. Der Wurm tritt zurück ohne ein Zeichen des Erkennens.

DER PAVIAN Spaziere herein, meine weiße Henne. Das ist C. Maynes' Leihbibliothek.

GARGA Schließen Sie den Laden, Maynes. Hier kriechen eigentümliche Viecher in Ihre Papiere. Sie bekommen die Motten in Ihre Zeitschriften.

DER WURM Ich sage immer: dem Leben ins Weiße im Auge gesehen!

DER PAVIAN Tun Sie Ihr Gesicht weg! Ich kann Papier nicht sehen. Und nicht Zeitungen.

GARGA Holen Sie den Revolver!

SHLINK *tritt vor:* Ich bitte Sie, zu verkaufen.

GARGA *erblickt Jane:* Nein!

JANE George, ist das dein Laden? Was stierst du so? Ich bin lediglich mit diesem Gentleman etwas ausgeflogen.

GARGA Fliege weiter, Jane.

DER PAVIAN Oho, das ist ein wenig haarig. Zweifeln Sie etwa? Es geht mir in der Erregung noch dieses Buch in Fetzen. Zweifeln Sie weiterhin?

MAYNES Ich entlasse Sie, wenn Sie zweifeln. Meine Bücher gehen zum Teufel!

GARGA Geh heim, Jane, ich bitte dich. Du bist betrunken.

JANE Ich weiß nicht, was du hast, George. Die Herren sind nett zu mir. *Sie trinkt aus einer Flasche des Pavian.* Sie haben mir Cocktails bezahlt. Es ist heiß heute – vierundneunzig Grad. George, das geht durch den Leib wie ein Blitzzug.

GARGA Geh jetzt nach Hause. Ich komme abends.

JANE Du bist drei Wochen nicht gekommen. Ich gehe nicht mehr heim. Ich habe es bis zum Hals, zwischen den Hemden zu sitzen.

DER PAVIAN *zieht sie auf seinen Schoß:* Das sollst du auch nicht mehr.

JANE Oh, Sie kitzeln mich. Lassen Sie es jetzt! George liebt es nicht!

DER PAVIAN Kurz: sie hat einen Leib, der einige Dollar wert ist. Können Sie die bezahlen, Herr? Es handelt sich um Liebe und es handelt sich um Cocktails.

DER WURM Sie möchten wohl die Miß keusch halten? Sie soll wohl Stiegen waschen? Sie wird eine Waschfrau?

SKINNY Sie verlangen von einem guten Schneehuhn einen Engel?

GARGA *zu Shlink:* Wollen Sie die Prärie aufmachen hier? Messer? Revolver? Cocktails?

DER WURM Halt! Sie werden Ihren Platz hier nicht verlassen. Es ist möglich, daß ein Mensch über Bord geht. Verkaufen Sie!

GARGA Es ist eigentümlich. Außer mir sind sie alle im Bild. – Jane!

DER PAVIAN Gib ihm die Antwort!

JANE Sieh mich nicht so an, George! Ich habe vielleicht nur diese Gelegenheit. Kannst du mir Cocktails kaufen? Ach, es ist nicht wegen der Cocktails! Es ist: ich sehe morgens in den Spiegel, George. Es ist zwei Jahre jetzt. Du gehst immer und arbeitest vier Wochen. Wenn du es zum Halse hattest und auch das Trinken brauchtest, kam ich an die Reihe. Ich halte es jetzt nicht mehr aus! Die Nächte, George! Ich bin nicht schlecht darum, ich nicht. Es ist unrecht, wenn du mich so anblickst!

DER PAVIAN Das ist weise. Hier, trink einen, dann wirst du gleich noch weiser!

GARGA Der Whisky hat dein Gehirn zerstört. Hörst du noch, was ich sage? Ich sage: gehen wir fort! Zusammen! Nach Frisko. Wohin du willst. Ich weiß nicht, ob ein Mann allzeit lieben kann, aber paß auf, ich verspreche dir: ich bleibe bei dir.

JANE Das kannst du nicht, kleiner George.

GARGA Ich kann alles. Ich kann auch Geld machen, wenn es das ist. Ich habe ein Gefühl für dich. Es gibt ja keine Wörter! Aber wir werden uns wieder verständigen. Heut abend komme ich, schon diesen Abend!

JANE Ich höre alles, was du sagst, du brauchst nicht so zu schreien, und du brauchst den Gentlemen hier nicht zu sagen, daß du mich nicht geliebt hast. Das, was du jetzt sagst, das ist das Bitterste, was du weißt, das muß ich natürlich anhören. Ich weiß es, und du weißt es auch.

DER WURM Affenkomödie! Sagen Sie ihm einfach, daß Sie mit

diesem werten Herrn heute von neun bis halb elf im Bett gelegen haben.

JANE Das ist vielleicht nicht gut. Aber es ist gut, daß du weißt,
daß es nicht der Whisky ist oder die Hitze.

SHLINK Verkaufen Sie! Ich verdopple den Preis noch einmal.
Es ist unliebsam.

GARGA Das gilt nicht. Was ist von neun bis elf gegen zwei
Jahre?

SHLINK Ich versichere Ihnen, daß mir zweihundert Dollar eine
Kleinigkeit sind. Ich wage kaum, sie Ihnen anzubieten.

GARGA Vielleicht haben Sie die Güte, Ihre Freunde zu entlassen.

SHLINK Wie es Ihnen beliebt. Ich bitte Sie, betrachten Sie die
Verhältnisse des Planeten und verkaufen Sie.

MAYNES Sie sind ein Narr und ein Waschlappen, ein phleg-
matischer Kuli. Bedenken Sie doch . . .

SKINNY Ihre unschuldigen, gramgebeugten Eltern!

DER WURM Ihre Schwester!

DER PAVIAN Ihre Geliebte! Das hübsche junge Mädchen hier!

GARGA Nein! Nein! Nein!

SHLINK Tahiti!

GARGA Ich lehne es ab.

MAYNES Sie sind entlassen!

SHLINK Ihre wirtschaftliche Existenz! Beachten Sie Ihre Plattform! Sie schwankt!

GARGA Das ist die Freiheit. Hier meinen Rock! *Er zieht ihn
aus.* Verteilt ihn! *Greift ein Buch aus dem Regal.* »Abgöt-
terei! Lüge! Unzucht!« »Ich bin ein Tier, ein Neger, aber vielleicht bin ich gerettet. Ihr seid falsche Neger, Wahnsinnige,
Wilde, Geizige! Kaufmann, du bist Neger, General, du bist
Neger. Kaiser, du alter Aussatz, du bist Neger, hast von
nicht besteuertem Likör getrunken aus Satans Fabrik. Dies
Volk, von Fieber und Krebs begeistert!« *Trinkt.* »Ich bin un-
bewandert in der Metaphysik.« »Ich verstehe die Gesetze
nicht, habe keine Moral, bin ein roher Mensch. Ihr irrt!«

Shlink, Skinny, der Wurm und der Pavian haben sich um Garga gedrängt und klatschen ihm Beifall wie in einer Vorstellung.

SHLINK *rauchend:* Wie Sie sich ereifern! Es geschieht Ihnen nichts.

JANE *an seinem Hals:* Ist es so schlimm, George?

GARGA Hier meine Stiefel! Rauchen Sie Ihre kleine, schwarze Zigarre, Herr? Der Geifer könnte Ihnen aus der Kinnlade rinnen. Hier, mein Taschentuch. Ja, ich versteigere diese Frau! Ich werfe euch diese Papiere um die Ohren! Ich bitte um Virginiens Tabakfelder und um ein Billett nach den Inseln. Ich bitte, ich bitte um meine Freiheit. *Läuft in Hemd und Hose hinaus.*

SHLINK *hinterherrufend:* Ich heiße Shlink. Shlink der Holzhändler! 6, Mulberry Street!

SKINNY Der marschiert. Was kostet das Papier?

DER WURM Sie wollen wirklich bezahlen?

MAYNES Es sind Bücher für zehn Dollar.

SKINNY Hier sind zwanzig.

DER PAVIAN *zu Jane, die weint:* Aha! Jetzt kommt das Erwachen! Weinen kannst du in der Gosse.

DER WURM Man muß dem Leben ins Weiße im Auge sehen!

SHLINK Was kostet das Zeug?

MAYNES Die Kleider? Die Jacke? Der Schlips? Die Stiefel? Eigentlich sind die unverkäuflich. Zehn Dollar.

SKINNY Endlich ist er aus der Haut gefahren. Nehmen wir sie mit.

Shlink ist langsam nach hinten hinausgegangen. Hinter ihm drein mit dem Kleiderbündel Skinny.

Am Abend des 22. August vor 7 Uhr

Shlink vor einem Tischchen.

SKINNYS STIMME *hinten links:* Sieben Waggons Kentucky.

DER WURM *hinten:* Eingelaufen.

SKINNY Zwei Waggons verschnitten.

DER WURM Hier ist ein Mann, der Mr. Shlink zu sprechen wünscht.

SHLINK Er soll hereinkommen.

DER WURM Dies ist Mr. Shlink!

GARGA *tritt ein.*

SHLINK *freut sich:* Sie sind also da. Da sind Ihre Kleider. Ziehen Sie sie wieder an.

GARGA Sie haben auf mich gewartet? Meine Kleider mit hierher genommen? Schmieriges Zeug. *Stößt mit dem Fuß nach dem Kleiderbündel.*

SHLINK *schlägt auf ein kleines Gong.*

MARIE *tritt ein:* George!

GARGA Du hier, Marie?

MARIE Wo bist du gewesen, George? Sie hatten sehr Angst um dich. Und wie siehst du aus?

GARGA Was treibst du hier?

MARIE Ich besorge die Wäsche hier. Wir können leben davon. Warum blickst du mich so an? Du siehst aus, als sei es dir nicht gut gegangen. Mir geht es hier gut. Sie sagten, sie hätten dich fortgejagt.

GARGA Marie! Pack deine Sachen zusammen und scher dich heim! *Geht herum.* Ich weiß nicht, was man mit mir vorhat. Man hat mich harpuniert. Man zog mich an sich. Es scheint

Stricke zu geben. Ich werde mich an Sie halten, Herr. Aber lassen Sie meine Schwester aus dem Spiel!

SHLINK Wie es Ihnen beliebt. *Zu Marie:* Holen Sie aber noch frische Wäsche für ihn und einen Anzug, wenn es Ihnen gleich ist.

MARIE Mein Bruder, den ich nicht verstehe, sagt, ich solle Sie verlassen.

SHLINK Und ich bitte Sie, gehen Sie danach nach Hause. Ich verstehe mich nicht auf Wäsche.

MARIE *ab.*

SHLINK Haben Sie getrunken?

GARGA Ich bitte Sie, es mir zu sagen, wenn es nicht Ihren Intentionen entspricht.

SHLINK Ich habe nur Reisbranntwein. Ich werde die Sorte, die Sie bevorzugen, bestellen. Sie bevorzugen Cocktails?

GARGA Ich erledige alles in einem. Ich habe die Gewohnheit, einige Wochen gleichzeitig zu trinken, zu lieben und zu rauchen.

SHLINK Und das Konversationslexikon durchzublättern ...

GARGA ... Sie wissen die Wahrheit über alles.

SHLINK Als ich von Ihren Gewohnheiten hörte, dachte ich: ein guter Kämpfer.

GARGA Es geht lang mit der Wäsche.

SHLINK Verzeihen Sie! ... *Steht auf und schlägt auf das Gong.*

MARIE *tritt herein:* Hier ist die Wäsche, George, und Kleider.

GARGA Du kannst hier warten, bis wir zusammen weggehen. *Zieht sich hinter einem Schirm um.*

MARIE Ich nehme Abschied von Ihnen, Mr. Shlink. Ich habe die Wäsche nicht ganz fertiggebracht. Haben Sie Dank für den Aufenthalt in Ihrem Hause!

GARGA *von hinten:* Der Anzug hat keine Taschen.

SHLINK *pfeift.*

GARGA *tritt vor:* Wem pfeifen Sie? Ich wünsche, daß Sie Ihre letzten Wochen über aufhören, andern Menschen zu pfeifen.

SHLINK Ich empfange Ihre Anordnungen!

GARGA Sie haben Prärie gemacht. Ich akzeptiere die Prärie. Sie haben mir die Haut abgezogen aus Liebhaberei. Durch eine neue Haut ersetzen Sie nichts. Ich werde mit Ihnen reinen Tisch machen. *Den Revolver in der Hand:* Auge um Auge, Zahn um Zahn.

SHLINK Sie nehmen den Kampf auf?

GARGA Ja! Natürlich unverbindlich.

SHLINK Und ohne nach dem Grund zu fragen?

GARGA Ohne nach dem Grund zu fragen. Ich mag nicht wissen, wozu Sie einen Kampf nötig haben. Sicher ist der Grund faul. Für mich genügt es, daß Sie sich für den besseren Mann halten.

SHLINK Nun, so lassen Sie uns überlegen. Mein Haus und mein Holzhandel zum Beispiel setzten mich instand, Ihnen die Hunde auf den Hals zu jagen. Geld ist alles. Gut. Aber mein Haus ist das Ihrige, dieser Holzhandel gehört Ihnen. Von heute ab, Mr. Garga, lege ich mein Geschick in Ihre Hände. Sie sind mir unbekannt. Von heute ab bin ich Ihre Kreatur. Jeder Blick Ihrer Augen wird mich beunruhigen. Jeder Ihrer Wünsche, auch der unbekannte, wird mich willfährig finden. Ihre Sorge ist meine Sorge, meine Kraft wird die Ihre sein. Meine Gefühle werden nur Ihnen gewidmet, und Sie werden böse sein.

GARGA Ich nehme Ihr Engagement an. Ich hoffe, Sie werden nichts zu lachen haben.

Eintreten lautlos der Pavian, Skinny und der Wurm. Garga sieht grinsend, daß ihre Anzüge wie der seine sind.

SHLINK Dieses Haus und dieser Holzhandel, in den Grundbüchern Chicagos eingetragen unter dem Namen Shlink, gehen am heutigen Tage über an Herrn George Garga aus Chicago.

GARGA *zu Shlink:* Das bin ich. Gut. Ihr habt geschälte Baumstämme am Lager? Wie viele?

SHLINK Beiläufig: vierhundert. Ich weiß nicht.

SKINNY Gehören Broost u. Co., Virginia.

GARGA Wer hat die Stämme verkauft?

DER WURM Ich, genannt der Wurm, Besitzer des Chinesischen Hotels im Kohlendistrikt.

GARGA Verkaufen Sie das Holz noch einmal.

DER WURM Zweimal verkaufen! Das ist Betrug.

GARGA Ja.

DER WURM Wer haftet für diese Order?

GARGA Schieben Sie das Holz nach Frisko unter Mr. Shlinks Firmenaufdruck und händigen Sie das Geld Mr. Shlink aus, der es für mich verwahren wird, bis ich ihn ersuchen werde, es mir zu geben. Haben Sie einen Einwand, Mr. Shlink?

SHLINK *schüttelt den Kopf.*

DER WURM Das ist plumpe, offene Schiebung, die einem den Sheriff auf den Hals hetzt.

GARGA Wann?

SHLINK Binnen längstens einem halben Jahr. *Er holt Garga das Hauptbuch.*

DER PAVIAN Es ist Sumpf.

GARGA Die Störche leben vom Sumpf.

DER PAVIAN Lieber mit einem Rasiermesser arbeiten als mit faulen Papieren. Kann man vergessen, daß Chicago kalt ist?!

GARGA Sie meinten doch Ihren wirklichen Holzhandel, Shlink? Das Haus, die Stämme, das Inventar?

SHLINK Ja. Hier ist das Hauptbuch.

GARGA Schütten Sie Tinte über das Hauptbuch. Sie!

SKINNY Ich?!

SHLINK *reicht ihm ein Tintenglas.*

SKINNY *über dem Buch:* Alle Aufzeichnungen! Alle Geschäfte!

GARGA Schütten Sie Tinte darüber!

SKINNY *schüttet vorsichtig.*

DER PAVIAN Mahlzeit!

DER WURM Zwanzig Jahre und dieses Ende! Das ist ein Spaß! Ich verstehe rein gar nichts. Das ist ein Holzgeschäft gewesen.

GARGA Und jetzt stellen Sie die Säge ab, und dieser Holzhandel hat aufgehört!

DER PAVIAN Jawohl, Boß! *Hinaus.*

*Das Sägegeräusch draußen hört auf. Die Individuen ziehen
ihre Röcke an und stellen sich an der Wand auf. Garga lacht
schallend.*

MARIE Was tust du, George?

GARGA Schweig! Entlassen Sie den Burschen, Mr. Shlink!

SHLINK Du kannst fortgehen.

SKINNY Fortgehen? Ich sitze in Ihrem Handel zwanzig Jahre
im April.

SHLINK Du bist entlassen.

MARIE Ich glaube nicht, daß es gut ist, was du da tust,
George!

GARGA Ich bitte dich heimzugehen, Ma.

MARIE Und ich bitte dich mitzugehen. Wie willst du hier nicht
zu Schaden kommen! Lassen Sie ihn, Mr. Shlink!

SHLINK Befehlen Sie mir, Garga!

GARGA Gewiß. Jetzt, wo es hier für Sie nichts mehr zu tun
gibt, bitte ich Sie, mit Ihren einstigen Geschäftsführern ein
kleines Pokerspiel zu arrangieren, Shlink.

Shlink und die Individuen setzen sich an den Pokertisch.

MARIE Du gehst mit mir heim, George. Es ist nur ein Spaß,
aber du verstehst es nicht.

GARGA Wir sind im flachen Land aufgewachsen, Ma. Wir sind
hier auf der Auktion.

MARIE Wir? Was wollen sie von uns?

GARGA Ich sage dir, es geht nicht um dich. Sie wollen dich nur
in den Handel hineinzuziehen. Ich komme, um dem Burschen
ins Gesicht zu blicken, der mir vor zwei Wochen einen
kleinen Kirschkern ins Auge spuckte. Ich habe einen Revolver in der Hosentasche. Ich begegne einer zurückweichenden
Verbeugung. Er bietet mir seinen Holzhandel an. Ich verstehe nichts, aber ich nehme an. Ich bin allein in der Prärie
und kann nichts für dich tun, Ma.

DER WURM *von hinten zu ihnen:* Er spielt wie der Papiergott. Ich schwöre, er spielt falsch.

GARGA *zu Shlink:* Ich verstehe nichts, Sir, bin dabei wie ein Neger, bin mit einer weißen Fahne gekommen, jetzt entfalte ich sie zur Attacke. Übergeben Sie mir Ihre Papiere, die Ihr Vermögen sind, Ihre privaten Mittel, daß ich sie in die Tasche stecke!

SHLINK Ich bitte Sie, sie ihrer Winzigkeit wegen nicht zu verschmähen. *Shlink und Garga ab.*

SKINNY Denn wiewohl es hier schlecht gewesen ist, und es regnete einem auf den Rock, ist eine Entlassung doch immer ein Unrecht.

DER WURM Schwatz nicht. *Verspottet ihn.* Er meint immer noch, daß der Schwamm im Bretterboden gemeint ist.

SKINNY Ich liebe Sie, meine Dame. Sie haben eine Art, die Hand herzugeben ...

DER WURM Oho! Er hat kein Bett mehr und will eine Frau mit hineinnehmen.

SKINNY Gehen Sie mit mir. Ich werde arbeiten für Sie. Gehen Sie mit mir.

DER PAVIAN *kommt gleichfalls nach vorn:* Kümmerlich! Da sind schwarze, goldgelbe und weiße wie Apfelhaut! Negerweiber! Von der Hütte bis zum Fuß wie mit der Schnur! Runde Schenkel, zum Teufel, nicht wie Geflügelscheren wie hier! O Papua! Vierzig Dollar für Papua!

SHLINK *in der Tür, ruft zurück:* Ja, das ist alles.

DER WURM Nein, du bist barbarisch. Ein Undankbarer! Die Dame ist unschuldig, und raucht sie Pfeife? Sie ist nicht versiert, aber wer kann sagen, daß sie kein Feuer hat? Vierzig Dollar und alles für die Dame.

SKINNY Was Sie wollen für sie!

DER PAVIAN Ohne Puder natürlich, in ungekochtem Zustand, nacktes Fleisch. Was sind das für Breitegrade! Siebzig Dollar für toi cha!

MARIE Schützen Sie mich, Mr. Shlink!

SHLINK Ich bin bereit, Sie zu schützen.

MARIE Sagen Sie, ich soll ihm zugehören?

SHLINK Hier liebt Sie niemand. Er liebt Sie.

GARGA *ist eingetreten:* Gefällt es dir auf dem Markt? Es ist eine Masse Holz da, und einige Pfund Fleisch sind jetzt auch auf der Auktion! Und Jiu-Jitsu heißt die leichte, die fröhliche Kunst, nicht?

SHLINK *geht beunruhigt auf ihn zu:* Machen Sie es sich aber auch nicht zu leicht?

MARIE *zu Garga:* Du hättest mir helfen sollen. Du mußt gleich mit mir fortgehen, George, es ist etwas Schreckliches vorgefallen. Es ist vielleicht nicht einmal zu Ende, wenn ich jetzt weggehe. Ich denke, du bist blind, daß du nicht siehst, wie du unterliegst.

Hinten Lärm zweier Gitarren und einer Trommel; Choral der Mädchen: »Jesus nimmt die Sünder an.«

GARGA Ich sehe, du willst dich schon verlieren. Das ist der Sumpf, der dich verschluckt. Das ist was für dich, Marie, das ist die Heilsarmee, die auf dich zumarschiert, Marie! *Er steht vom Tischchen auf, geht nach hinten.* He! Holla! Heilsarmee!

DER WURM *zu Marie:* Es ist ein Fluß hier abgelassen, und nachts spuken hier die Geister von ersoffenen Ratten. Gehen Sie zu Ihren Eltern!

GARGA Aufwaschen! Räumt den Whisky weg! *Shlink tut es, Marie nimmt ihm die Arbeit ab.* Kommt herein, Burschen! *Shlink hat das Holztor geöffnet mit tiefer Verbeugung. Eintritt ein junger Mann von der Heilsarmee, hinter ihm bleiben zwei Mädchen mit Gitarren und ein alter Sünder mit einer Trommel.*

MANN Sie rufen mich?

DER WURM Halleluja! Die Heilsarmee!

GARGA Ich halte nichts von Ihrer Tätigkeit. Wenn Sie ein Haus brauchen, können Sie dieses haben.

MANN Der Herr wird Sie segnen.

GARGA Vielleicht. *Zu Shlink:* Haben Sie dieses Haus und die Papiere geerbt?

SHLINK Nein.

GARGA Sie haben vierzig Jahre gearbeitet?

SHLINK Mit den Nägeln an den Händen. Ich machte nur von vier Stunden Schlaf Gebrauch.

GARGA Sind Sie arm herübergekommen?

SHLINK Ich war sieben Jahre alt. Seitdem habe ich gearbeitet.

GARGA Sie haben nichts als dies hier?

SHLINK Nichts.

GARGA *zu dem Mann:* So schenke ich Ihnen dieses Mannes Eigentum unter der Bedingung, daß Sie sich für die Waisen und Säufer, denen es zum Obdach dient, in Ihre unerträgliche Visage spucken lassen.

MANN Ich bin Geistlicher.

GARGA Also stellen Sie sich.

MANN Ich darf nicht.

GARGA Es schneit auf die Waisen. Die Trinker verkommen in Haufen. Sie behüten Ihr Gesicht.

MANN Ich bin bereit. Ich habe mein Gesicht rein gehalten. Ich bin einundzwanzig Jahre alt; Sie werden Ihren Grund haben. Ich bitte Sie, mich zu verstehen: bitten Sie die Frau, sich umzudrehen.

MARIE Ich verachte Sie, wenn Sie das tun.

MANN Das erwarte ich. Es gibt bessere Gesichter als meines; es gibt keines, das zu gut für dies ist.

GARGA Spucken Sie ihm ins Gesicht, Shlink, wenn es Ihnen beliebt.

MARIE Das ist nicht gut, George, ich werde nichts darauf geben.

GARGA Zahn um Zahn, wenn es Ihnen beliebt.

SHLINK *tritt kühl auf den Mann zu, spuckt ihm mitten ins Gesicht.*

Der Wurm meckert auf, der bekehrte Sünder trommelt.

MANN *schüttelt die Fäuste, weint:* Entschuldigen Sie.

GARGA *schmeißt ihm die Papiere hin:* Das ist der Schenkungs-vertrag. Der ist für die Armee. Und das hier, das ist für Sie. *Gibt ihm den Revolver.* Jetzt hinaus mit Ihnen, Sie sind ein Schwein!

MANN Ich danke Ihnen im Namen meiner Mission. *Mit linki-scher Verbeugung ab. Die Choräle entfernen sich auffallend rasch.*

GARGA Sie haben mir den Spaß verdorben. Ihre Roheit ist unvergleichlich. Ich behalte mir einiges von dem Papiergeld. Ich bleibe nicht hier. Denn das ist die Pointe, Mr. Shlink aus Yokohama: jetzt gehe ich nach Tahiti.

MARIE Das ist feig, George. Als der Geistliche ging, hast du geschielt, ich habe es wohl gesehen. Wie verzweifelt du bist!

GARGA Ich bin hierhergekommen, abgeschält bis auf mein Gebein. Ich zittre von den geistigen Ausschweifungen zweier Wochen. Ich spuckte ihm ins Gesicht: viele Male. Er schluckt es. Ich verachte ihn. Es ist aus.

MARIE Pfui!

GARGA Du hast mich im Stich gelassen. Zahn um Zahn.

MARIE Treibst du jetzt den Kampf mit mir weiter? Du bist immer ohne Maß gewesen. Gott wird dich bestrafen. Ich will nichts von dir als meinen Frieden.

GARGA Und für deine Eltern Brot suchen in einem Hurenbett. Und den Pferdegeruch verkaufen und sagen: ich bin es nicht! Daß es dir wohlergehe im Bett und du lange lebest auf Erden. *Ab mit den andern.*

MARIE Ich verstehe Sie schlecht, Mr. Shlink. Aber Sie können nach vier Richtungen gehen, wo andere nur eine haben, nicht? Ein Mensch hat viele Möglichkeiten, nicht? Ich sehe, ein Mensch hat viele Möglichkeiten.

SHLINK *zuckt die Achseln, wendet sich, geht nach hinten.*

MARIE *folgt ihm.*

Am 22. August, abends nach 7 Uhr

Schmutzige Mansarde. Hinten Gardine vor einer Dachaltane.
John Garga, Maë. Manky singt ein Lied.

JOHN Es hat sich hier etwas begeben, worüber sich schlecht
reden läßt.

MANKY Man sagt, Euer Sohn George sei in eine Angelegenheit
verwickelt von der Art, die nicht mehr aufhört. Sie sagen,
er habe etwas mit einem Gelbhäutigen. Ein Gelbhäutiger
habe etwas mit ihm gemacht.

MAË Man darf sich nicht hineinmischen.

JOHN Wenn er entlassen ist, können wir Schimmel fressen.

MAË Seit seiner frühesten Kindheit verträgt er es nicht, daß
etwas über ihm ist.

MANKY Man sagt, Sie hätten Ihre Tochter Marie nicht diesem
Gelbhäutigen verdingen sollen.

MAË Ja. Jetzt ist auch Ma die zweite Woche weg.

MANKY Man muß es jetzt ja merken, daß das alles zusammen-
hängt.

MAË Als unsere Tochter wegging, sagte sie, man habe ihr in
einem Holzgeschäft angeboten, sie kriege zehn Dollar die
Woche und brauche nur die Wäsche zu besorgen.

MANKY Ein Gelbhäutiger und Wäsche!

JOHN In solchen Städten kann man nicht von hier bis zum
nächsten Haus sehen. Sie wissen nicht, was es bedeutet, wenn
Sie eine bestimmte Zeitung lesen.

MANKY Oder wenn Sie ein Billett kaufen müssen.

JOHN Wenn die Leute mit diesen elektrischen Wagen fahren,
bekommen sie vielleicht davon ...

MANKY Den Magenkrebs.

JOHN Sie wissen es nicht. Der Weizen in den Staaten wächst durch Sommer und Winter.

MANKY Aber Sie haben plötzlich, ohne daß es Ihnen einer sagt, kein Mittagessen. Sie gehen mit Ihren Kindern auf der Straße, und das vierte Gebot wird genau beobachtet, und plötzlich haben Sie nur mehr die Hand Ihres Sohnes oder Ihrer Tochter in der Hand, und Ihr Sohn und Ihre Tochter selber sind schon bis über ihre Köpfe in einem plötzlichen Kies versunken.

JOHN Hallo! Wer ist das?

Garga steht in der Tür.

GARGA Schwatzt ihr wieder?

JOHN Bringst du endlich das Geld für die zwei Wochen?

GARGA Ja.

JOHN Bist du eigentlich noch in deiner Stellung oder nicht? Einen neuen Rock! Du bist wohl für irgend etwas gut bezahlt worden? Was? Das ist deine Mutter, George. *Zu Maë:* Was stehst du da wie Lots Weib? Dein Sohn ist gekommen. Unser Sohn kommt, uns in die Metropolitan Bar zum Essen einzuladen. Ist er blaß, dein lieber Sohn? Etwas betrunken, he? Kommen Sie, Manky, gehen wir. Rauchen wir unsere Pfeife auf der Treppe! *Beide ab.*

MAË Ich bitte dich, George, hast du etwas mit jemand?

GARGA War jemand hier bei euch?

MAË Nein.

GARGA Ich werde fortgehen müssen.

MAË Wohin?

GARGA Irgendwohin. Du erschrickst immer gleich.

MAË Geh nicht fort!

GARGA Doch. Ein bestimmter Mann beleidigt einen andern. Das ist unangenehm für ihn. Aber ein bestimmter Mann zahlt unter Umständen einen ganzen Holzhandel dafür, wenn er einen andern beleidigen kann. Das ist natürlich noch unangenehmer. In solchen Fällen müßte der Beleidigte abreisen, aber da das zu angenehm für ihn wäre, ist vielleicht schon nicht einmal das mehr möglich. Jedenfalls muß er frei sein.

MAË Bist du das nicht?

GARGA Nein. *Pause.* Wir sind nicht frei. Mit Kaffee am Morgen fängt es an und mit Schlägen, wenn man ein Affe ist, und die Tränen der Mutter salzen den Kindern die Mahlzeit, und ihr Schweiß wäscht ihnen das Hemd, und man ist gesichert bis in die Eiszeit, und die Wurzel sitzt im Herz. Und ist er ausgewachsen und will etwas tun mit Haut und Haar, dann ist er bezahlt, eingeweiht, abgestempelt, verkauft zu hohem Preis, und er hat nicht einmal die Freiheit unterzugehen.

MAË Sage mir doch, was dich krank macht.

GARGA Du kannst mir nicht helfen.

MAË Ich kann dir helfen. Lauf nicht weg von deinem Vater. Wie sollen wir hier leben?

GARGA *gibt ihr Geld:* Ich bin entlassen. Aber hier hast du Geld für ein halbes Jahr.

MAË Es macht uns Sorge, daß wir von deiner Schwester nichts mehr gehört haben. Wir hoffen aber, daß sie noch in ihrer Stellung ist.

GARGA Ich weiß es nicht. Ich habe ihr geraten, von diesem Gelbhäutigen wegzugehen.

MAË Ich weiß, daß ich dir nichts sagen darf, wie es andere Mütter machen.

GARGA Ach, all die vielen andern Leute, die vielen guten Leute, alle die vielen anderen und guten Leute, die an den Drehbänken stehen und ihr Brot verdienen und die vielen guten Tische machen für die vielen guten Brotesser, alle die vielen anderen guten Tischmacher und Brotesser mit ihren vielen guten Familien, die so viele sind, ganze Haufen sind es schon, und niemand spuckt ihnen in die Suppe, und keiner befördert sie mit einem guten Fußtritt in das gute andere Jenseits, und keine Sintflut kommt über sie mit »Stürmisch die Nacht und die See geht hoch«.

MAË O George!

GARGA Nein, sage nicht zu mir: O George! Das vertrage ich nicht gut, ich will es nicht mehr hören.

MAË Du willst nicht mehr? Aber ich? Wie soll ich leben? Wie die Wände schmutzig sind, und der Ofen hält keinen Winter mehr.

GARGA Ach, Mutter, es liegt auf der Hand, es geht nicht mehr lang, mit dem Ofen nicht und nicht mit der Wand.

MAË Nein, das sagst du! Bist du denn blind?

GARGA Und nicht mit dem Brot im Schrank und nicht mit dem Kleid auf dem Leib, und auch mit deiner Tochter geht es nicht mehr lang!

MAË Ja, schreie nur! Sage es nur, daß es alle hören. Wie alles umsonst ist und alles zuviel, was Mühe ist, und man wird weniger davon! Aber wie soll ich leben? Und ich lebe noch so viele Zeit.

GARGA Darum, wenn es so schlimm ist, sag doch, was schuld ist.

MAË Du weißt es.

GARGA Ja, das ist es.

MAË Aber wie sagst du das? Was meinst du, daß ich gesagt habe? Ich will nicht, daß du so hersiehst auf mich, ich habe dich geboren und genährt mit Milch und dann mit Brot und dich geschlagen, und du hast anders auf mich zu schauen. Ein Mann ist, wie er will, ich sage nichts zu ihm, er hat gearbeitet für uns.

GARGA Ich bitte dich, mit mir zu gehen.

MAË Was sagst du?

GARGA Ich bitte dich, mit mir nach dem Süden zu gehen. Ich arbeite dort, ich kann Bäume fällen. Wir machen ein Blockhaus, und du kochst mir. Ich brauche dich notwendig.

MAË Wohin sagst du das? In den Wind? Aber wenn du zurückkommst, dann kannst du hier nachsehen, wo wir gewesen sind in der letzten Zeit, die wir hatten. *Pause.* Wann gehst du?

GARGA Jetzt.

MAË Sage ihnen nichts. Ich mache dir alles zusammen und lege das Bündel unter die Stiege.

GARGA Ich danke dir.

MAË Es ist recht. *Beide ab.*

DER WURM *tritt vorsichtig ein und schnüffelt im Zimmer herum.*

MANKY Holla, wer da? *Herein mit John.*

DER WURM Ich, ein Gentleman, Mr. Garga, vermutlich Mr. John Garga?

MANKY Was wollen Sie hier?

DER WURM Ich? Nichts! Kann ich vielleicht Ihren Herrn Sohn sprechen, ich meine, wenn er schon gebadet hat?

JOHN Um was handelt es sich?

DER WURM *traurig den Kopf schüttelnd:* Wie ungastlich! Aber wo ruht Ihr werter Sohn, wenn Sie die Frage nicht anstrengt.

JOHN Er ist fortgegangen. Scheren Sie sich zum Teufel! Hier ist kein Auskunftsbüro.

Maë tritt ein.

DER WURM O schade! Schade! Ihr Herr Sohn fehlt uns ungemein, Herr. Es ist auch wegen Ihrer Tochter, wenn Sie es wirklich interessiert.

MAË Wo ist sie?

DER WURM In einem chinesischen Hotel, Mylady, in einem chinesischen Hotel.

JOHN Was?

MAË Maria!

MANKY Was heißt das? Was tut sie dort, Mann?

DER WURM Nichts, essen. Mr. Shlink läßt Ihnen und Ihrem Sohn sagen, er soll sie abholen, sie ist zu teuer, das geht ins Geld, die Dame hat einen gesegneten Appetit. Sie tut keinen Schritt. Sie verfolgt uns mit unsittlichen Anträgen, ja, sie demoralisiert das Hotel, sie bringt uns die Polizei an die Gurgel, Herr.

MAË John!

DER WURM *schreit:* Kurz, sie liegt uns auf dem Hals.

MAË Jesus!

MANKY Wo ist sie? Ich hole sie sofort.

DER WURM Ja, holen. Sind Sie ein Dachshund? Was wissen Sie, wo das Hotel ist? Sie junger Mensch! Das ist nicht so einfach. Hätten Sie die Dame im Auge behalten! Ihr Sohn ist an allem schuld. Er soll diese Hündin abholen, sich darum kümmern gefälligst. Morgen abend setzen wir die Polizei in Bewegung.

MAË Großer Gott! Sagen Sie uns doch, wo sie ist. Ich weiß nicht, wo mein Sohn ist. Er ist weggegangen, seien Sie nicht hartherzig! O Ma! O John! Bitte ihn! Was ist mit Ma vorgegangen, was geschieht mir? George! John, was ist das für eine Stadt, was sind das für Menschen! *Ab.*

SHLINK *tritt in die Tür.*

DER WURM *erschrocken murmelnd:* Ja, ich habe ... das Haus hat zwei Eingänge ... *drückt sich hinaus.*

SHLINK *bieder:* Ich heiße Shlink. Ich bin Holzhändler gewesen und bin Fliegenfänger geworden. Ich habe für niemanden zu sorgen. Kann ich bei Ihnen einen Schlafplatz mieten? Ich bezahle Kostgeld. Ich sehe auf dem Emailschild unten den Namen eines Mannes, den ich kenne.

MANKY Sie heißen Shlink? Sie halten die Tochter dieser Leute in Verwahrung.

SHLINK Wer ist das?

JOHN Maria Garga, Sir, meine Tochter, Maria Garga.

SHLINK Kenne ich nicht. Ich kenne Ihre Tochter nicht.

JOHN Der Herr, der eben hier war ...

MANKY In Ihrem Auftrag doch vermutlich!

JOHN Der sich sofort drückte, als Sie hereinkamen.

SHLINK Ich kenne den Herrn nicht.

JOHN Mein Sohn hat doch mit Ihnen ...

SHLINK Sie treiben Scherz mit einem armen Mann. Ich kann natürlich ohne Furcht beleidigt werden. Ich habe mein Vermögen verspielt, man weiß oft nicht, wie es geht.

MANKY Ich sage, ich weiß, wo der Grund ist, wenn ich die Brigg in den Hafen seile.

JOHN Trau, schau, wem.

SHLINK Einsam aus Ungelenkigkeit in einem Alter, wo der Boden sich schließen muß, daß Schnee nicht in Risse fällt, sehe ich Sie von Ihrem Ernährer verlassen. Ich bin nicht ohne Mitleid, auch hätte dann meine Arbeit Zweck.

JOHN Gründe füllen den Magen nicht. Wir sind keine Bettler. Heringsköpfe kann man nicht essen. Aber Ihre Einsamkeit findet hier kein steinernes Herz. Sie wünschen die Ellbogen mit einer Familie auf den Tisch zu legen. Wir sind arme Leute.

SHLINK Ich habe an allem Geschmack, mein Magen verdaut Kieselsteine.

JOHN Die Kammer ist eng. Wir liegen schon wie die Schellfische.

SHLINK Ich schlafe auf dem Boden und brauche nur halb soviel Platz, als ich lang bin. Ich bin froh wie ein Kind, wenn ich den Buckel gegen den Wind geschützt habe. Ich bezahle die halbe Miete.

JOHN Gut, ich verstehe. Sie wollen nicht im Wind vor der Tür warten. Kommen Sie herein unter das Dach.

MAË *tritt herein:* Ich muß in die Stadt laufen, bevor es Nacht wird.

JOHN Du bist immer weg, wenn ich dich brauche. Ich habe dem Mann Quartier gegeben. Er ist einsam. Da dein Sohn fortgelaufen ist, ist ein Platz frei. Gib ihm die Hand.

MAË Wir sind im flachen Land daheim gewesen.

SHLINK Ich weiß es.

JOHN Was treibst du in der Ecke?

MAË Ich lege mein Bett unter die Stiege.

JOHN Wo haben Sie Ihr Bündel?

SHLINK Ich habe nichts. Ich werde auf der Stiege schlafen, Madame. Ich dringe nicht ein. Meine Hand wird Sie nicht berühren. Ich weiß, daß ich gelbe Haut dran habe.

MAË *kalt:* Ich gebe Ihnen die meine.

SHLINK Ich verdiene sie nicht. Ich meinte, was ich sagte. Sie meinen nicht die Haut, verzeihen Sie.

MAË Ich mache das Fenster über der Stiege auf am Abend. *Ab.*

JOHN Sie ist eine gute Haut.

SHLINK Der Herr segne sie. Ich bin ein biederer Mann, verlangen Sie keine Worte aus meinem Munde, ich habe nur Zähne darin.

4

CHINESISCHES HOTEL

Am Morgen des 24. August

Skinny. Der Pavian. Jane.

SKINNY *in der Tür:* Denkt ihr überhaupt nicht daran, ein neues Geschäft aufzumachen?

DER PAVIAN *in einer Hängematte, schüttelt den Kopf:* Der Chef geht am Schiffskai spazieren, er kontrolliert nur mehr die Passagiere der Tahitischiffe. Es ist da ein Bursche mit seiner ganzen Seele und seinem ganzen Vermögen abhanden gekommen, vielleicht nach Tahiti. Den sucht er. Er hat alle seine Überbleibsel hierher zusammengeschleppt und aufgehoben, sozusagen jeden Zigarrenstummel. *Von Jane:* Das da kriegt schon seit drei Wochen gratis von ihm zu fressen. Auch die Schwester des Burschen hat er hier untergebracht. Was er mit ihr vorhat, ist undurchsichtig. Er spricht mit ihr oft die ganzen Nächte durch.

SKINNY Und ihr habt euch von ihm auf die Straße setzen

166

lassen, und jetzt bezahlt ihr ihm die Kost und dazu noch seinen Anhang?

DER PAVIAN Die paar Dollar, die er durch Kohlentragen verdient, liefert er der Familie des Burschen ab, bei der er sich einlogiert hat, aber nicht wohnen darf, man sieht ihn dort nicht gern. Der Bursche hat ihn einfach ausgenommen. Er hat sich eine billige Tahitireise verschafft und ihm einen Holzstamm über den Nacken gehängt, der jeden Augenblick herunterfallen kann; denn spätestens in fünf Monaten wird vor Gericht mit ihm über den doppelten Holzverkauf gesprochen werden.

SKINNY Und ein solches Wrack verköstigt ihr?

DER PAVIAN Er hat einen Spaß benötigt. Einem Mann wie ihm gibt man Kredit. Wenn der Bursche verschwunden bleibt, ist er in drei Monaten wieder der erste Mann im Holzhandel.

JANE *halb angekleidet, schminkt sich:* Ich habe von mir immer gedacht, daß es mit mir so zu Ende gehen würde: in einem chinesischen Absteigequartier.

DER PAVIAN Du weißt noch ganz und gar nicht, was man mit dir alles vorhat.

Man hört zwei Stimmen hinter einem Paravent.

MARIE Warum fassen Sie mich denn nie an? Warum tragen Sie immer diesen verrauchten Sack? Ich habe einen Anzug für Sie, wie ihn andere Herren auch tragen. Ich schlafe schlecht; ich liebe Sie.

JANE Pst! Horcht! Jetzt hört man sie wieder.

SHLINK Ich bin unwürdig; ich verstehe nichts von Jungfrauen. Auch bin ich mir seit Jahren des Geruchs meiner Rasse bewußt.

MARIE Ja, er ist schlecht. Schlecht, ja, das ist er.

SHLINK Sie sollten sich nicht so zersägen. Sehen Sie: mein Körper ist wie taub, davon wird sogar meine Haut betroffen. Die Menschenhaut im natürlichen Zustande ist zu dünn für diese Welt, deshalb sorgt der Mensch dafür, daß sie dicker wird. Die Methode wäre unanfechtbar, wenn man das

Wachstum stoppen könnte. Ein Stück präpariertes Leder zum Beispiel bleibt, aber eine Haut wächst, sie wird dicker und dicker.

MARIE Kommt es daher, weil Sie keinen Gegner finden?

SHLINK Im ersten Stadium hat der Tisch zum Beispiel noch Kanten; danach, und das ist das Unsympathische, ist der Tisch Gummi, aber im Stadium der dicken Haut gibt es weder Tisch noch Gummi mehr.

MARIE Seit wann haben Sie diese Krankheit?

SHLINK Seit meiner Jugend auf den Ruderbooten auf dem Jangtsekiang. Der Jangtse marterte die Dschunken. Die Dschunken marterten uns. Ein Mann trat uns, sooft er über die Ruderbank ging, das Gesicht platt. Nachts war man zu faul, das Gesicht wegzutun. Merkwürdigerweise war der Mann nie zu faul. Wir hinwieder hatten eine Katze zum Martern; sie ersoff beim Schwimmenlernen, obwohl sie uns die Ratten vom Leib gefressen hatte. Solche Leute hatten alle die Krankheit.

MARIE Wann waren Sie auf dem Jangtsekiang?

SHLINK Wir lagen im Schilf in aller Frühe und fühlten, wie die Krankheit wuchs.

DER WURM *tritt ein:* Den Burschen hat der Wind vollends gefressen. In ganz Chicago keine Faser von ihm.

SHLINK Sie täten gut, etwas zu schlafen. *Tritt heraus.* Wieder nichts?

Shlink geht weg; durch die geöffnete Tür hört man den Lärm des erwachenden Chicago, Geschrei der Milchhändler, Rollen der Fleischkarren.

MARIE Jetzt erwacht Chicago mit dem Geschrei der Milchhändler und dem lauten Rollen der Fleischkarren und den Zeitungen und der frischen Morgenluft. Fortgehen wäre eine gute Sache, und sich im Wasser waschen ist gut, und die Savanne und der Asphalt geben was her. Jetzt geht zum Beispiel ein kühler Wind in der Savanne, wo wir früher waren, ich bin sicher.

DER PAVIAN Kannst du noch den kleinen Katechismus, Jane?

JANE *plärrend:* Es wird schlechter, es wird schlechter, es wird schlechter.

Sie fangen an aufzuräumen, ziehen die Jalousien hoch, stellen die Matten auf.

MARIE Was mich betrifft, so bin ich etwas außer Atem. Ich will bei einem Mann schlafen und verstehe es nicht. Es gibt Frauen wie Hunde, gelbe und schwarze, und ich kann es nicht. Ich bin wie zersägt. Diese Wände sind wie Papier, man bekommt keinen Atem, man muß alles anzünden. Wo sind die Wachshölzer, eine schwarze Schachtel, daß das Wasser hereinkommt. Oh, wenn ich davonschwimme, sind es zwei Teile, die schwimmen in zwei Richtungen.

JANE Wo ist er hin?

DER PAVIAN Er visitiert die Gesichter der Abreisenden, denen es in Chicago zu grausam zugeht.

JANE Ostwind geht. Die Tahitischiffe lichten die Anker.

5

GLEICHES HOTEL

Einen Monat später, 19. oder 20. September

Schmutziger Schlafraum. Ein Korridor. Ein glasverschalter Whiskysalon. Der Wurm. George Garga. Manky. Der Pavian.

DER WURM *spricht vom Korridor in den Salon hinein:* Er ist doch nicht weggesegelt. Die Harpune sitzt fester, als wir glaubten. Wir dachten, der Boden hätte den Burschen verschluckt. Jetzt liegt er drinnen in Shlinks Zimmer und leckt seine Wunden.

GARGA *im Schlafraum:* »Ich nenne ihn meinen höllischen Ge-
mahl in meinen Träumen«, Shlink, den Hund. »Wir sind
von Tisch und Bett geschieden, er hat keine Kammer mehr.
Sein Bräutchen raucht Virginias und verdient sich was in die
Strümpfe.« Das bin ich! *Lacht.*

MANKY *im Salon hinter Glasverschalung:* Das Leben ist eigentümlich. Ich für mein Teil zum Beispiel kannte einen Mann,
der durchaus erstklassig war, aber eine Frau liebte. Ihre
Familie nagte am Hungertuch. Er hatte zweitausend Dollar
bei sich, aber er ließ sie vor seinen Augen verhungern. Da er
mit den zweitausend Dollar die Frau liebte, denn sonst
bekam er sie nicht. Es ist eine Schurkerei, aber er ist nicht
zurechnungsfähig.

GARGA »Seht her, ich bin ein Sünder. Ich liebte die Wüste, ver-
brannte Obstgärten, verwahrloste Verkaufsläden, gewärmte
Getränke. Ihr irrt euch. Ich bin ein kleiner Mensch.« Ich
habe nichts zu schaffen mit Mr. Shlink aus Yokohama!

DER PAVIAN Ja, zum Beispiel der Holzhändler. Er hatte nie die
Spur eines Herzens. Aber eines Tages kam ihm durch Leidenschaft sein ganzer Holzhandel ins Rutschen. Und jetzt trägt
er Kohlen da drunten. Seine Hand lag dem ganzen Viertel
am Hals.

DER WURM Wir haben ihn hier aufgenommen wie einen von
Kräften gekommenen Rassehund. Aber wenn er jetzt von
seinem glücklich wieder aufgetauchten Knochen nicht los-
kommt, ist es auch mit unserer Geduld zu Ende.

GARGA »Ich werde einmal seine Witwe sein. Gewiß, im Kalen-
der ist der Tag schon angestrichen. Und ich werde mit
frischer Unterwäsche hinter seiner Leiche gehen, die Beine
tüchtig breit in der lieben Sonne.«

MARIE *tritt ein mit einem Eßkorb:* George!

GARGA Wer ist das? *Erkennt sie:* Wie du aussiehst! Wie ein
befleckter Lumpen!

MARIE Ja.

DER WURM *in den Salon hinein:* Er ist total betrunken. Und

170

jetzt hat er den Besuch seiner Schwester bekommen. Er sagte ihr schon, sie sei befleckt. Wo ist der Alte?

DER PAVIAN Er kommt heute. Ich habe hier Jane herbefördert. Ein Angelhaken vermutlich. Es wird mit vollem Einsatz gekämpft.

JANE *schüttelt den Kopf:* Ich verstehe euch nicht. Gebt mir zu trinken. Gin.

MARIE Ich bin froh, daß du also eine bessere Meinung von mir hattest, darum wunderst du dich, mich hier zu sehen. Auch ich erinnere dich an die Zeiten, wo du der Stolz der Frauen gewesen bist in Jimmy und Ragtime, mit einer Falte in der Hose am Samstagabend und einzig mit den Lastern des Tabaks, des Whiskys und der Frauenliebe, die den Männern erlaubt sind. Ich wollte, daß du daran denkst, George. *Pause.* Wie lebst du?

GARGA *leicht:* Es wird kalt abends hier. Willst du was? Hast du Hunger?

MARIE *leicht, schüttelt den Kopf, sieht ihn an:* Ach George, seit einiger Zeit sind Geier über uns.

GARGA *leicht:* Wann bist du zuletzt daheim gewesen?

MARIE *schweigt.*

GARGA Ich hörte, daß du hier verkehrst.

MARIE So. Wer wohl für sie sorgt zu Hause?

GARGA *kaltblütig:* Ich kann dich beruhigen. Ich habe gehört, daß jemand für sie sorgt. Und ich weiß auch, was du treibst. Ich weiß auch etwas über ein chinesisches Hotel.

MARIE Ist es angenehm, wenn man so kaltblütig ist, George?

GARGA *sieht sie an.*

MARIE Sieh mir nicht ins Gesicht. Ich weiß, daß du katholisch bist.

GARGA Fang an!

MARIE Ich liebe ihn. Warum sagst du nichts?

GARGA Liebe ihn! Das schwächt ihn!

MARIE Ich bitte dich, du sollst nicht immer auf die Decke schauen – ich kann ihn mir nicht gewinnen.

GARGA Das ist schimpflich!

MARIE Ich weiß es. – Ach, George, ich bin ganz entzwei. Weil ich ihn mir nicht gewinnen kann. Ich zittre in meinen Kleidern, wenn ich ihn sehe, und sage ihm das Falsche.

GARGA Ich kann dir das Richtige nicht sagen. Eine Frau, die verschmäht wird! Ich hatte eine, die war nicht eine Flasche Rum wert, und sie verstand es, Männer anzuziehen! Sie machte sich bezahlt. Sie wußte auch, was sie konnte.

MARIE Du sagst so scharfe Dinge, sie schwimmen wie Sprit in meinen Kopf ein. Sind sie auch gut? Du mußt wissen, ob sie auch gut sind. Aber ich verstehe dich jetzt.

SHLINK *tritt in den Korridor.*

DER WURM Ich sage Ihnen aus Lebenserfahrung: diese ganze Menschheit ist mit Roßhaar und Hornhaut ganz papiernen Träumen erlegen. Und es ist nichts so papieren wie das wirkliche Leben!

Marie kehrt um und stößt auf Shlink.

SHLINK Sie hier, Miss Garga?

MARIE Eine Frau, die einem Mann ihre Liebe sagt, verstößt gegen die Sitte. Ich möchte Ihnen sagen, daß meine Liebe zu Ihnen nichts beweist. Ich will nichts von Ihnen. Es ist mir nicht leicht, Ihnen das zu sagen, es ist vielleicht selbstverständlich.

GARGA *tritt aus dem Schlafraum:* Bleibe hier, Ma. Wir sind in eine Stadt verschlagen mit den Gesichtern des flachen Lands. Du mußt nicht leicht auftreten. Du mußt nur das, was du willst.

MARIE Ja, George.

GARGA Es ist so, daß er wie ein Pferd arbeitet, und ich liege faul in meiner Absinthlache.

SHLINK Die Eroberer der Welt liegen gern auf dem Rücken.

GARGA Die Besitzer arbeiten.

SHLINK Haben Sie Sorgen?

GARGA *zu Shlink:* Sie wiegen mich immer gerade ab, wenn ich

172

Ihr Gesicht sehe. Sie haben aufs falsche Pferd gesetzt? Ihr Gesicht ist alt geworden.

SHLINK Ich danke Ihnen, daß Sie mich nicht vergessen haben. Ich dachte fast, Sie seien im Süden. Ich bitte Sie um Verzeihung. Ich habe mir erlaubt, Ihre unglückliche Familie durch meiner Hände Arbeit zu unterstützen.

GARGA Ist das wahr, Ma? Ich habe es nämlich nicht gewußt. Sie igeln sich ein? Genießen Ihre Gemeinheit, meine Familie zu ernähren? Ich lache über Sie! *Geht nach links in den Schlafraum, legt sich nieder, lacht.*

SHLINK *folgt ihm:* Lachen Sie, ich liebe Ihr Lachen. Ihr Lachen ist meine Sonne, es war armselig hier. Es war ein Kummer, Sie nicht zu sehen. Es sind drei Wochen, Garga.

GARGA Ich bin zufrieden gewesen, alles in allem.

SHLINK Ja, Sie leben wie in Milch.

GARGA Nur mein Rücken wird vom Liegen dünn wie eine Gräte.

SHLINK Wie armselig es ist, zu leben. Man lebt in der Milch, und die Milch ist zu schlecht.

GARGA Ich habe mehr im Leben zu suchen, als an Ihnen meine Stiefel krumm zu treten.

SHLINK Auf meine geringe Person sowie auf meine Absichten bitte ich Sie keine Rücksicht zu nehmen. Aber ich bin doch da. Müssen Sie aufgeben, können Sie den Kampfplatz nicht unschuldig verlassen.

GARGA Ich gebe aber auf. Ich streike. Ich werfe das Handtuch. Habe ich mich denn in Sie so verbissen? Sie sind eine kleine, harte Betelnuß, man sollte sie ausspeien, man weiß, sie ist härter als das Gebiß, sie ist nur eine Schale.

SHLINK *erfreut:* Ich bemühe mich, jedes Licht zu erzeugen, das Sie dazu brauchen. Ich stelle mich unter jedes Licht, Mr. Garga. *Geht ins Licht.*

GARGA Wollen Sie Ihre blatternarbige Seele hier versteigern? Sie sind abgehärtet gegen die Leiden? Verhärtet?!

SHLINK Zerbeißen Sie die Nuß.

GARGA Sie ziehen sich zurück auf meine Position. Sie machen einen metaphysischen Kampf und hinterlassen eine Fleischerbank.

SHLINK Sie meinen diese Sache mit Ihrer Schwester? Ich habe nichts geschlachtet, worüber Sie Ihre Hand hielten.

GARGA Ich habe nur zwei Hände. Was mir Mensch ist, verschlingen Sie als einen Haufen Fleisch. Sie öffnen mir die Augen über eine Hilfsquelle, indem Sie sie verstopfen. Machen Familienmitglieder zu Hilfsquellen. Sie leben von meinem Vorrat. Ich werde dünner und dünner. Ich gerate in die Metaphysik! Und Sie wagen es noch, mir dies alles ins Gesicht zu kotzen!

MARIE Ich bitte dich, George, kann ich nicht gehen? *Sie weicht nach hinten zurück.*

GARGA *zieht sie vor:* Im Gegenteil! Gerade haben wir angefangen, über dich zu reden. Gerade jetzt ist mein Auge auf dich gefallen.

SHLINK Ich habe das Unglück, auf weiche Stellen zu treten. Ich weiche zurück. Sie erkennen den Wert Ihrer Neigungen immer erst, wenn ihre Objekte im Leichenhaus liegen, und es ist mir ein Bedürfnis, Sie mit Ihren Neigungen bekannt zu machen. Aber, bitte, fahren Sie fort, ich verstehe Sie schon vollkommen.

GARGA Aber ich opfere ja. Weigere ich mich?

MARIE Du solltest mich gehen lassen. Ich habe Angst hier.

GARGA Her mit Ihnen! *Läuft in den Korridor.* Gründen wir eine Familie!

MARIE George!

GARGA Bleib! *Hinein.* Beteiligen Sie sich menschlich, Herr!

SHLINK Ich weigere mich keine Minute.

GARGA Du liebst diesen Mann? Er bleibt passiv?

MARIE *weint.*

SHLINK Ich hoffe, Sie übernehmen sich nicht. *Läuft in den Schlafraum zurück.*

GARGA Ohne Sorge. Es wird ein Fortschritt sein. Es ist ein

Donnerstagabend, nicht? Das ist das Chinesische Hotel. Hier, das ist meine Schwester Marie Garga, nicht wahr? *Läuft hinaus.* Komm, Ma! Meine Schwester! Hier ist Mr. Shlink aus Yokohama. Er will dir etwas sagen.

MARIE George!

GARGA *geht und holt zu trinken:* »Ich habe mich in das Weichbild der Stadt geflüchtet, wo in glühenden Dornbüschen weiß die Frauen kauern mit ihren schiefsitzenden orangenen Mäulern.«

MARIE Es wird schon Nacht im Fenster, und ich will heute heimgehen.

SHLINK Ich gehe mit Ihnen, wenn es Ihnen beliebt.

GARGA »Ihre Haare waren schwarzlackierte Schalen, sehr dünn, die Augen ausgewischt von den Winden der Ausschweifung des trunkenen Abends und der Opfer im Freien.«

MARIE *leise:* Ich bitte Sie, mich nicht darum zu bitten.

GARGA »Die dünnen Kleider wie schillernde Schlangenhäute klatschten wie von immerwährender Nässe durchregnet an die immer erregten Glieder.«

SHLINK Ich habe Sie wahrhaftig gebeten. Ich habe keine Geheimnisse gegen irgend jemand.

GARGA »Diese verhüllen sie ganz bis über die Fußnägel, in die Kupfer eingeschmolzen ist; davon erbleicht über ihre Schwestern die Madonna in den Wolken.« *Kommt zurück, gibt Shlink ein Glas.* Wollen Sie nicht trinken? Ich finde es nötig.

SHLINK Warum trinken Sie? Trinker lügen.

GARGA Es ist ein Spaß, sich mit Ihnen zu unterhalten. Wenn ich trinke, schwimmt die Hälfte meiner Gedanken abwärts. Ich leite sie in den Boden, und ich fühle sie leichter. Trinken Sie!

SHLINK Ich wollte lieber nicht, nur, wenn es Ihnen beliebt.

GARGA Ich lade Sie ein, und Sie weigern sich …

SHLINK Ich weigere mich nicht. Aber ich habe nur mein Gehirn.

GARGA *nach einer Weile:* Ich bitte um Verzeihung, machen wir halbpart: Sie vermindern Ihr Gehirn. Wenn Sie getrunken haben, werden Sie lieben.

SHLINK *trinkt in der Art einer Zeremonie:* Wenn ich getrunken habe, werde ich lieben.

GARGA *schreit im Schlafraum:* Willst du ein Glas trinken, Ma? Nicht? Warum nimmst du keinen Stuhl?

DER PAVIAN Halt das Maul! Ich hörte sie sprechen bis jetzt. Jetzt schweigen sie.

GARGA *zu Marie:* Das ist das schwarze Loch. Jetzt vergehen vierzig Jahre. Ich sage nicht nein. Die Boden brechen ein. Die Abwässer zeigen sich, ihre Begierden aber sind zu schwach. Vierhundert Jahre habe ich von Frühen auf dem Meer geträumt, ich hatte den Salzwind in den Augen. Wie glatt es war! *Er trinkt.*

SHLINK *unterwürfig:* Ich bitte Sie um Ihre Hand, Miss Garga. Soll ich mich vor Ihnen unterwürfig niederwerfen? Ich bitte Sie, mit mir zu gehen. Ich liebe Sie.

MARIE *läuft in den Salon:* Hilfe! Sie verkaufen mich!

MANKY Hier bin ich, Schönes!

MARIE Ich wußte, daß Sie da sind, wo ich bin.

GARGA »Ein Windhauch öffnet opernhaft Lücken in den Zwischenwänden.«

SHLINK *brüllt:* Kommen Sie aus der Bar heraus, Marie Garga, wenn es Ihnen beliebt.

MARIE *aus dem Salon.*

SHLINK Ich bitte Sie, sich nicht wegzuwerfen, Miss Garga.

MARIE Ich will in eine Kammer kommen, wo nichts ist. Ich will nicht mehr viel haben, ich verspreche Ihnen, daß ich nie wieder will, Pat.

GARGA Verteidigen Sie Ihre Chance, Shlink.

SHLINK Denken Sie an die Jahre, Marie Garga, die nicht vergehen, und daß Sie jetzt Schlaf haben.

MANKY Kommen Sie mit, ich habe vierhundert Pfund, das ist ein Dach im Winter, und es gibt keine Gesichte, nur in den Schauhäusern.

SHLINK Ich bitte Sie, Marie Garga, mit mir zu gehen, wenn es Ihnen beliebt. Ich werde Sie behandeln wie meine Frau und

Ihnen dienen und mich, ohne Aufsehen zu machen, erhängen, wenn ich Sie einmal verletze.

GARGA Er lügt nicht. Er lügt ganz gewiß nicht. Das bekommst du, wenn du bei ihm bist, centweise. *Geht in den Salon.*

MARIE Ich frage Sie, Pat, wenn ich Sie nicht liebe, lieben Sie mich?

MANKY Ich glaube. Und es steht nirgends zwischen Himmel und Erde, daß Sie mich nicht lieben, Schönes.

GARGA Du bist das, Jane. Vertilgst du die Cocktails? Du siehst dir nimmer allzu ähnlich. Hast du schon alles verkauft?

JANE Tu den weg, Pavian. Ich mag sein Gesicht nicht. Er belästigt mich. Wenn ich auch keine mehr bin, die in Milch und Honig lebt, so brauche ich mich doch nicht verspotten zu lassen, Pav.

DER PAVIAN Ich schlage jedem das Nasenbein ein, der dir sagt, du bist eine alte Galosche.

GARGA Haben sie dich auch mit gefüttert? Jetzt ist dein Gesicht auseinandergeschleckt wie ein Zitroneneis. Beim Teufel, und du gingst in feinen Lumpen, wie eine von der Oper und jetzt wie mit schwarzem Puder darüber. Aber ich rechne dir hoch an, daß du nicht von selber gekommen bist, als dich nur die Fliegen beschmutzten, meine versoffene Henne.

MARIE So gehen wir. Ich hätte Ihnen gern den Dienst erwiesen, Shlink, ich kann nicht. Es ist nicht Hochmut.

SHLINK Bleiben Sie, wenn Sie wollen! Ich will meinen Antrag nicht wiederholen, wenn er Ihnen nicht beliebt, aber lassen Sie sich nicht von dem Loch verschlingen. Es gibt viele Plätze, weg von einem Mann.

GARGA Nicht für eine Frau. Lassen Sie, Shlink! Sehen Sie nicht, wo sie hinauswill? Hättest du das Dach im Winter vorgezogen, dann säßest du noch unter den Hemden, Jane.

SHLINK Trinken Sie, bevor Sie lieben, Marie Garga!

MARIE Kommen Sie, Pat, das ist kein guter Ort. Ist das deine Frau, George? Ist sie das? Ich bin froh, daß ich sie noch gesehen habe. *Ab mit Manky.*

SHLINK *ruft nach:* Ich verlasse Sie nicht. Kommen Sie wieder, wenn Sie erkannt haben!

DER PAVIAN Eine Galosche, Gentleman, die zu weit ist! *Er lacht.*

GARGA *mit einer Kerze Shlink anleuchtend:* Ihr Gesicht in guter Ordnung. Ich werde mit Ihrem guten Willen abgespeist.

SHLINK Die Opfer auf beiden Seiten sind beträchtlich. Wie viele Schiffe brauchen Sie nach Tahiti? Soll ich Ihnen mein Hemd als Segel aufhissen oder das Ihrer Schwester? Ich belade Sie mit dem Schicksal Ihrer Schwester. Sie haben ihr die Augen geöffnet darüber, daß sie in alle Ewigkeit ein Objekt ist unter den Männern! Ich habe Ihnen hoffentlich nichts vereitelt. Beinahe hätte ich sie als Jungfrau bekommen, während Sie mir die Reste bestimmt haben. Vergessen Sie auch Ihre Familie nicht, die Sie allein zurücklassen! Sie haben jetzt gesehen, was Sie opfern.

GARGA Ich will sie jetzt alle schlachten. Ich weiß es. – Ich bin bereit, Ihnen zuvorzukommen. Ich begreife auch, warum Sie sie durch die Erträgnisse Ihres Kohlentragens dick und fett gestopft haben. Ich lasse mir den Spaß nicht abhandeln. Ich nehme jetzt auch dieses kleine Tier in Empfang, das Sie für mich aufgehoben haben.

JANE Ich lasse mich nicht beleidigen. Ich stehe allein auf der Welt, ich ernähre mich selbst.

GARGA Und jetzt ersuche ich Sie, mir das Geld auszuliefern aus jenem doppelten Holzverkauf, das Sie hoffentlich für mich aufbewahrt haben, denn es ist jetzt an der Zeit.

SHLINK *holt es hervor und liefert es ihm aus.*

GARGA Ich bin ganz betrunken. Aber wiewohl ich betrunken bin, habe ich doch eine gute Idee, Shlink, die sich gewaschen hat. *Ab mit Jane.*

DER PAVIAN Das war Ihre letzte Geldsumme, Herr. Und wo hatten Sie sie her? Sie werden noch gefragt werden. Broost & Co. haben das Holz angefordert, das sie bezahlt haben.

SHLINK *ohne auf ihn zu hören:* Einen Stuhl. *Sie haben die*
Stühle besetzt und stehen nicht auf. Meinen Reis und Wasser.
DER WURM Für Sie gibt es hier keinen Reis mehr, Herr. Ihr
Konto ist überzogen.

6

MICHIGANSEE

Ende September

Gehölz. Shlink. Marie.

MARIE Die Bäume wie mit Menschenkot behangen, der Himmel nah zum Langen, wie gleichgültig er mich läßt. Mich
friert. Ich bin wie eine halberfrorene Wachtel. Ich kann mir
nicht helfen.
SHLINK Wenn es Ihnen hilft, ich liebe Sie.
MARIE Ich habe mich weggeworfen. Wie ist doch meine Liebe
eine bittere Frucht geworden. Andere haben ihre gute Zeit,
wenn sie lieben, aber ich verblühe hier und mühe mich mit
mir ab. Mein Leib ist befleckt.
SHLINK Sagen Sie, wie sehr Sie zu Ende sind, es erleichtert Sie.
MARIE Ich bin mit einem Mann im Bett gelegen, der wie ein
Tier ist. Ich gab mich ihm hin, obgleich ich taub am ganzen
Leibe war, viele Male, und konnte mich nicht erwärmen. Er
rauchte Virginias dazwischen, ein Seemann! Ich liebte Sie
in jeder Stunde zwischen diesen Tapeten und wurde so fana-
tisch dadurch, daß er es für Liebe hielt und mir Einhalt tun
wollte. Ich schlief in das Schwarze hinein. Ich schulde Ihnen
nichts, und mein Gewissen schreit mir doch zu, daß ich meinen Leib befleckt habe, der Ihnen gehört, wenngleich Sie ihn
verschmähten.

SHLINK Es tut mir leid, daß Sie frieren. Ich meinte, die Luft ist warm und dunkel. Ich weiß nicht, wie die Männer dieses Landes sagen zu ihrer Geliebten. Wenn es Ihnen hilft: ich liebe Sie.

MARIE Ich bin so feig. Mein Mut ist weg mit meiner Unschuld.

SHLINK Sie werden sich schon reinwaschen.

MARIE Vielleicht sollte ich hinabgehen zum Wasser, aber das kann ich nicht. Ich bin noch nicht fertig. Oh, diese Verzweiflung! Das Herz, das nicht zu stillen ist! Ich bin alles nur halb. Ich liebe auch nicht, es ist nur Eitelkeit. Ich höre das, was Sie sagen, denn ich bin nicht taub und habe Ohren, aber was heißt das? Vielleicht schlafe ich, man wird mich wecken, und vielleicht bin ich so, daß ich das tue, was schimpflich ist, damit ich unter ein Dach komme, und mich belüge und die Augen zumache.

SHLINK Kommen Sie, es wird kühl hier.

MARIE Aber das Laub ist warm und gut gegen den Himmel, der zu nah ist. *Sie gehen weg.*

MANKY *kommt:* Hierher weist ihre Spur! Man braucht viel Humor in diesem September. Jetzt paaren sich die Krebse, der Liebesschrei der Rothirsche ist im Dickicht, und der Dachs kann gejagt werden. Meine Flossen aber sind kalt, und ich wickle die schwarzen Stümpfe ein mit Zeitungen. Wo sie nur Quartier hat, das ist das Schlimmste. Wenn sie jetzt in dem fettigen Schnapslogis herumliegt wie eine Gräte, wird sie nie mehr ein reines Hemd ankriegen. Das gibt Flekken! Oh, Pat Mankyboddle, ich verhänge das Standrecht über dich! Zu schwach, mich zu verteidigen, gehe ich zum Angriff über. Die Kanaille wird verschlungen mit der Federhaut, die Verdauung durch Gebete beschleunigt, die Geier werden standrechtlich erschossen und in den Mankyboddleschen Museen aufgehängt. Brrrrr! Worte! Sätze ohne Zähne! *Er zieht einen Revolver aus der Tasche.* Das ist die kälteste Antwort! Streunst im Dickicht herum nach 'nem Weib, altes Schwein! Auf die viere mit dir! Verflucht, das ist ein Selbstmördergestrüpp! Da paß auf, Pätchen! Wohin soll das Weib gehen, wenn es erledigt ist, mit Haut und Haar? Laß ab, Pätchen, rauch ein bißchen, iß 'nen Happen, steck das Ding ein! Marsch! *Ab.*

MARIE *kommt mit Shlink zurück:* Es ist widerlich vor Gott und den Menschen. Ich gehe nicht mit Ihnen.

SHLINK Das sind morsche Gefühle. Sie sollten Ihr Inneres auslüften.

MARIE Ich kann nicht. Sie opfern mich auf.

SHLINK Sie müssen immer den Kopf in der Achselhöhle eines Mannes haben, gleichviel bei wem.

MARIE Ich bin Ihnen nichts.

SHLINK Sie können nicht allein leben.

MARIE Wie rasch Sie mich hingenommen haben, als entginge ich Ihnen. Und wie gleicht es dem Opfer.

SHLINK Sie sind wie eine wahnsinnige Hündin ins Gebüsch gelaufen und laufen wie eine wahnsinnige Hündin hinaus.

MARIE Bin ich so, wie Sie sagen? Ich bin immer so, wie Sie sagen. Ich liebe Sie. Verwechseln Sie nie, daß ich Sie liebe. Ich liebe wie eine wahnsinnige Hündin. Sie sagen es. Aber nun bezahlen Sie mich. Ja, ich habe Lust, bezahlt zu werden. Geben Sie mir Ihre Scheine, ich will leben davon. Ich bin eine Kokotte.

SHLINK Das Nasse läuft Ihnen über das Gesicht. Sie und eine Kokotte!

MARIE Geben Sie mir ohne Spott das Geld. Sehen Sie mich nicht an. Das Nasse sind nicht die Tränen, sondern der Nebel ist es.

SHLINK *gibt ihr die Scheine.*

MARIE Ich danke Ihnen nicht, Mr. Shlink aus Yokohama. Es ist ein glattes Geschäft, niemand hat zu danken.

SHLINK Gehen Sie hier heraus, hier verdienen Sie nichts. *Ab.*

7

29. September 1912

Der Raum ist mit neuen Möbeln angefüllt. John Garga, Maë, George, Jane, Manky, alle frisch eingekleidet, zum Hochzeitsessen.

JOHN Seit der Mann, von dem man hier nicht gern spricht, der eine andere Haut hat, aber für eine Familie seiner Bekanntschaft in den Kohlendistrikt hinuntergeht, für sie Tag und Nacht zu arbeiten, seit der Mann mit der anderen Haut im Kohlendistrikt seine Hand über uns hält, geht es hier mit jedem Tag in jeder Hinsicht besser. Heute hat er, ohne von seiner Hochzeit zu wissen, unserm Sohn George eine Hochzeit ermöglicht, wie sie dem ersten Mann einer großen Firma zukäme. Frische Halsbinden, schwarze Anzüge, etwas Whiskygeruch aus den Zähnen – zwischen neuen Möbeln!

MAË Ist es nicht merkwürdig, daß der Mann im Kohlendistrikt mit Kohlentragen so viel verdient?

GARGA Ich bin es, der verdient.

MAË Ihr habt euch über Nacht verheiratet. War es nicht etwas rasch, Jane?

JANE Der Schnee kann auch schmelzen, wo ist er dann, und die Wahl trifft den Unrechten, das kommt oft vor.

MAË Es ist nicht, ob es der Rechte ist oder der Unrechte, sondern daß man nicht abläßt.

JOHN Gewäsch! Iß dein Steak und reiche der Braut die Hand!

GARGA *faßt sie am Handgelenk:* Es ist eine gute Hand. Ich fühle mich ganz wohl hier. Mögen die Tapeten abblättern, ich bekleide mich neu, ich esse Steaks, ich schmecke den Kalk hier, ich bin überworfen mit Mörtel, fingerdick, ich sehe ein Klavier. Hängt einen Kranz um die Photographie unserer lieben Schwester Marie Garga, geboren vor zwanzig Jahren auf dem Flachland. Nehmt Immortellen unter Glas. Es ist gut hier sitzen, es ist gut hier liegen, der schwarze Wind kommt nicht bis hierher.

JANE *steht auf:* Was hast du, George? Hast du Fieber?

GARGA Es ist mir wohl im Fieber, Jane.

JANE Ich denke immer, was du wohl vorhast mit mir, George?!

GARGA Warum bist du bleich, Mutter? Ich meine, der verlorene Sohn hockt wieder unter eurem Dach. Warum steht ihr wie kalkige Bilder an der Wand herum?

MAË Ich denke, es ist der Kampf, von dem du sprichst.

GARGA Es sind Fliegen in meinem Gehirn, nicht? Ich kann sie wegwischen.

SHLINK *tritt ein.*

GARGA Ach, Mutter, nimm ein Steak und ein Glas Whisky und biete es dem Gast an, der willkommen ist! Denn ich habe geheiratet, heute morgen. Meine liebe Frau, erzähle!

JANE Ich und mein Mann, wir sind zum Sheriff gegangen, gleich in der Frühe aus dem Bett, und haben gesagt: Kann man hier heiraten? Er sagte: Ich kenne dich, Jane – wirst du auch immer bei deinem Mann bleiben? Aber ich sah doch, es war ein guter Mann mit einem Bart, und er hatte nichts gegen mich, und so sagte ich: Das Leben ist nicht genau so, wie Sie meinen.

SHLINK Ich beglückwünsche Sie, Garga. Sie sind rachsüchtig.

GARGA Es ist eine scheußliche Angst in Ihrem Lächeln! Mit Recht. Eßt nicht zu hastig! Ihr habt Zeit! Wo ist Marie? Ich hoffe sie versorgt. Ihre Befriedigung muß vollständig sein! Leider ist für Sie momentan kein Stuhl frei, Shlink. Ein Stuhl fehlt. Sonst ist dieses Möblement erneuert und vervollständigt. Betrachten Sie das Klavier! Es ist angenehm, ich wünsche meine Abende in dieser meiner Familie zu verbringen. Ich bin in ein neues Lebensalter getreten. Morgen gehe ich wieder zu C. Maynes, in die Leihbibliothek.

MAË O George, redest du nicht zu viel?

GARGA Sie hören, meine Familie wünscht nicht, daß ich weiter mit Ihnen verkehre. Unsere Bekanntschaft ist zu Ende, Mr. Shlink. Sie war sehr ertragreich. Die Möbel sprechen für sich. Die Anzüge meiner ganzen Familie reden eine deutliche Sprache. Bargeld fehlt nicht. Ich danke Ihnen.
Stille.

SHLINK Darf ich Sie noch um eine Gefälligkeit bitten, in eigener Sache? Ich habe hier einen Brief von der Firma Broost & Co. Ich erblicke darauf den Gerichtsstempel des Staates Virginia, ich merke, daß ich ihn noch nicht geöffnet habe. Sie würden mich verpflichten, wenn Sie dies täten. Was immer es sei, aus Ihrem Munde wird mir jede, auch die schlimmste Eröffnung angenehmer sein.

GARGA *liest.*

SHLINK Jetzt ein Fingerzeig von Ihnen in dieser meiner eigensten Angelegenheit würde mir vieles erleichtern.

MAË Warum sagst du nichts, George? Was hast du vor, George? Dein Gesicht ist wieder wie vor einem Plan. Nichts fürchte ich so. Ihr sitzt hinter euren unbekannten Gedanken wie hinter einem Rauch. Wir warten wie Schlachtvieh. Ihr sagt: wartet etwas, ihr geht fort, ihr kommt zurück, und man kennt euch nicht wieder, und wir wissen nicht, was ihr mit euch gemacht habt. Nenne mir deinen Plan, und wenn du ihn nicht weißt, dann gib es zu, daß ich mich danach richten kann. Auch ich muß meine Jahre einteilen. Vier Jahre in dieser Stadt aus Eisen und Dreck! O George!

GARGA Siehst du, die schlechten Jahre waren die besten Jahre, und jetzt sind sie zu Ende. Sagt nichts zu mir. Ihr, meine Eltern, und du, Jane, meine Frau, ich habe mich entschlossen, ins Gefängnis zu gehen.

JOHN Was redest du? Ist das die Quelle, aus der euer Geld kommt? Daß du im Gefängnis enden würdest, das war auf deiner Stirn geschrieben, als du fünf Jahre alt warst. Ich habe nicht gefragt, was zwischen euch beiden vorgefallen ist, ich war immer sicher, daß es Schmutz ist. Ihr habt den

Boden unter euren Füßen verloren. Klaviere kaufen und ins Gefängnis gehen, ganze Körbe von Steaks hereinschleifen und einer Familie die Existenz entziehen, das ist für euch ein Ding. Wo ist Marie, deine Schwester? *Er reißt seinen Rock ab und wirft ihn hin.* Da habt ihr meinen Rock, ich habe ihn nicht gern angezogen. Aber ich bin es gewohnt zu ertragen, was diese Stadt an Demütigungen für mich noch hat.

JANE Wie lange wird es sein, George?

SHLINK *zu John:* Es ist Holz doppelt verkauft worden. Darauf steht natürlich Gefängnis, da der Sheriff sich nicht um die Umstände kümmert. Ich, Ihr Freund, könnte vor dem Sheriff manches so säuberlich klarlegen wie die Standard Oil ihre Steuererklärung. Ich bin bereit, Ihren Sohn anzuhören, Mrs. Garga.

JANE Lasse dich nicht bereden, George, tue, was du für nötig hältst, ohne Rücksicht. Ich, deine Frau, werde den Haushalt besorgen, während du fort bist.

JOHN *lacht schallend:* Sie will den Haushalt besorgen! Eine, die gestern von der Straße aufgelesen wurde. Wir sollen ernährt werden durch Sündengeld!

SHLINK *zu Garga:* Sie haben mir bedeutet, daß Ihr Herz an Ihrer Familie hängt, Sie wünschen, zwischen diesen Möbeln Ihre Abende zu verbringen, mancher Gedanke wird abschweifen zu mir, Ihrem Freund, der beschäftigt ist, euch allen die Steine aus dem Weg zu räumen. Ich bin bereit, Sie Ihrer Familie zu erhalten.

MAË Du kannst nicht ins Gefängnis, George.

GARGA Ich weiß, Mutter, du verstehst es nicht. Wie schwierig ist es, einem Menschen zu schaden, ihn zu vernichten, glatt unmöglich. Die Welt ist zu arm. Wir müssen uns abarbeiten, Kampfobjekte auf sie zu werfen.

JANE *zu Garga:* Jetzt philosophierst du, und das Dach fault uns über den Köpfen weg.

GARGA *zu Shlink:* Grasen Sie die Welt ab, Sie finden zehn schlechte Menschen und nicht eine schlechte Tat. Der Mensch geht nur durch geringfügige Ursachen zugrunde. Nein, jetzt liquidiere ich. Jetzt ziehe ich den Strich unter die Aufstellung, und dann gehe ich.

SHLINK Ihre Familie möchte wissen, ob sie Ihnen nahesteht. Wen Sie nicht halten, der fällt. Ein Wort, Garga!

GARGA Ich schenke ihnen allen die Freiheit.

SHLINK Sie faulen dahin auf Ihre Rechnung. Es sind nicht mehr viele, sie könnten Lust bekommen wie Sie, reinen Tisch zu machen, das schmutzige Tischtuch zu zerschneiden, die Zigarrenstumpen aus den Kleidern zu schütteln. Sie könnten allesamt es Ihnen nachmachen wollen, frei zu sein und unanständig in besabberter Wäsche.

MAË Sei still, George, es ist alles wahr, was er sagt.

GARGA Endlich sehe ich einiges, wenn ich die Augen halb zumache, in einem kalten Licht. Ihr Gesicht nicht, Mr. Shlink. Vielleicht haben Sie keines.

SHLINK Vierzig Jahre sind für schmutzig befunden, und es wird eine große Freiheit sein.

GARGA So ist es. Der Schnee wollte fallen, aber es war zu kalt. Wieder werden die Küchenreste gegessen werden, sie werden wieder nicht sättigen, und ich, ich erschlage meinen Feind.

JOHN Ich sehe nur Schwäche, nichts sonst. Seit ich dich gesehen habe. Geh nur und verlaß uns. Warum sollen sie die Möbel nicht forttragen?

GARGA Ich habe gelesen, daß die schwachen Wasser es mit ganzen Gebirgen aufnehmen. Und ich will gern noch Ihr Gesicht sehen, Shlink, Ihr milchglasiges, verdammtes, unsichtbares Gesicht.

SHLINK Ich habe keine Lust mehr, mit Ihnen zu reden. Drei Jahre! Für einen jungen Mann wie ein Türaufmachen! Aber für mich! Ich habe keinen Gewinn aus Ihnen gezogen, wenn Sie das tröstet. Aber Sie hinterlassen keine Spuren von Trauer in mir, jetzt, wo ich mich wieder in diese lärmende Stadt mische und mein Geschäft betreibe wie vor Ihnen. *Ab.*

GARGA Ich habe nur mehr der Polizei zu telephonieren. *Ab.*

JANE Ich gehe in die chinesische Bar. Ich mag keine Polizei sehen. *Ab.*

MAË Ich meine mitunter, daß auch Marie überhaupt nicht wiederkommt.

JOHN Sie hat es sich selbst zuzuschreiben. Soll man ihnen helfen, wenn sie lasterhaft sind?!

MAË Wann soll man ihnen sonst helfen?

JOHN Rede nicht so viel!

MAË *setzt sich zu ihm:* Ich wollte dich fragen, was du nun vorhast?

JOHN Ich? Nichts. Diese Zeit ist vorüber.

MAË Du hast verstanden, was George mit sich machen will?

JOHN Ja. Ungefähr. Um so schlimmer für uns.

MAË Und wovon willst du leben?

JOHN Von dem Geld, das noch da ist, und von dem Klavier, das verkauft wird.

MAË Das wird uns doch weggenommen, da es auf unehrliche Weise erworben ist.

JOHN Vielleicht werden wir zurückfahren nach Ohio. Irgend etwas werden wir machen.

MAË *steht auf:* Ich wollte dir noch etwas sagen, John, aber es geht nicht. Ich habe es nicht geglaubt: ein Mensch kann plötzlich verdammt sein. Es wird im Himmel beschlossen. Es ist ein gewöhnlicher Tag und nichts wie nicht immer. Von diesem Tag an ist man verdammt.

JOHN Was hast du denn vor?

MAË Ich werde jetzt etwas ganz Bestimmtes tun, John, ich habe eine große Lust dazu, denke nicht, daß es diesen oder jenen Grund hat. Ich lege noch etwas Kohlen auf, das Abendessen stelle ich in die Küche. *Ab.*

JOHN Sieh zu, daß dich nicht das Gespenst eines Haifisches auf der Treppe frißt!

KELLNER *herein:* Mrs. Garga hat unten für Sie einen Grog bestellt. Wollen Sie im Dunkeln trinken, oder soll ich Licht machen?

JOHN Natürlich im Licht.

Kellner ab.

MARIE *herein:* Halte keine Rede! Ich habe Geld mit!

JOHN Du traust dich hier herein? Das ist eine nette Familie! Wie siehst du aus?

MARIE Ich sehe gut aus. Aber woher habt ihr alle diese neuen Möbel? Habt ihr Geld hereinbekommen? Ich habe auch Geld hereinbekommen.

JOHN Wo hast du das Geld her?

MARIE Willst du es wissen?

JOHN Her damit! Ihr habt mich mit Hunger weit gebracht.

MARIE Also das Geld, das nimmst du. Trotz der neuen Möbel. Wo ist die Mutter?

JOHN Deserteure werden an die Wand gestellt.

MARIE Hast du sie auf die Straße geschickt?

JOHN Seid zynisch, wälzt euch in der Gosse, trinkt Grog. Aber ich bin euer Vater, man darf mich nicht verhungern lassen.

MARIE Wo ist sie hin?

JOHN Du kannst auch gehen. Ich bin es gewohnt, verlassen zu werden.

MARIE Wann ist sie weg von hier?

JOHN Ich bin am Ende meines Lebens dazu verdammt, arm zu sein und den Speichel meiner Kinder zu lecken, aber ich will nichts mit dem Laster zu tun haben. Ich stehe nicht an, dich fortzujagen.

MARIE Gib das Geld wieder her. Es war nicht für dich bestimmt.

JOHN Ich denke nicht daran. Man kann mich in einen Sack einnähen: ich bitte noch um ein Pfund Tabak.

MARIE Adieu. *Ab.*

JOHN Sie haben keinem Menschen mehr zu sagen, als in fünf Minuten gesagt ist. Mehr Lügen haben sie nicht. *Pause.* Ja, in zwei Minuten wäre alles verschwiegen, was es zu sagen gibt.

GARGA *kehrt zurück:* Wo ist die Mutter? Ist sie weggegangen?

Hat sie gedacht, daß ich nicht noch einmal heraufkäme? *Er läuft hinaus, kommt wieder zurück.* Sie hat ihr anderes Kleid mitgenommen. Sie kommt nicht mehr. *Er setzt sich an den Tisch und schreibt einen Brief.* »An den ›Examiner‹. Ich lenke Ihre Aufmerksamkeit auf den malaiischen Holzhändler C. Shlink. Dieser Mann hat meiner Frau Jane Garga nachgestellt und meine Schwester Marie Garga, die bei ihm bedienstet war, vergewaltigt. George Garga.« – Von meiner Mutter schreibe ich nichts.

JOHN Das ist die Liquidierung unserer Familie.

GARGA Ich schreibe diesen Brief, und ich stecke dieses Dokument hier in meine Tasche, damit ich alles vergessen kann. Und nach drei Jahren, denn so lange werden sie mich einsperren, werde ich, acht Tage vor meiner Entlassung, dieses Dokument der Zeitung übergeben, damit dieser Mann aus dieser Stadt ausgetilgt ist und aus meinen Augen verschwunden, wenn ich sie wieder betrete. Aber für ihn wird der Tag meiner Entlassung durch das Geheul der Lyncher angezeigt werden.

8

PRIVATKONTOR DES C. SHLINK

Am 20. Oktober 1915, mittags 1 Uhr

Shlink. Ein junger Schreiber.

SHLINK *diktiert:* Antworten Sie Miss Marie Garga, die sich um die Stelle einer Kontoristin bewirbt, daß ich weder mit ihr noch mit irgendeinem Mitglied ihrer Familie je wieder etwas zu tun haben will. – An die Standard-Immobilien. Sehr geehrte Herren. Heute, wo keine Aktie unserer Firma mehr im Besitz fremder Gesellschaften und unsere Geschäftslage eine ruhige ist, steht nichts mehr Ihrem Angebot eines fünfjährigen Kontraktes im Wege.

EIN ANGESTELLTER *führt einen Mann herein:* Dies ist Mr. Shlink.

DER MANN Ich habe drei Minuten Zeit, Ihnen eine Mitteilung zu machen. Sie haben zwei Minuten Zeit, Ihre Lage zu begreifen. Vor einer halben Stunde kam in die Redaktion ein Brief aus einem der Staatsgefängnisse, unterzeichnet von einem gewissen Garga, der Sie mehrerer Verbrechen überführt. In fünf Minuten sind die Reporter hier. Sie schulden mir 1000 Dollar.

Shlink gibt ihm Geld. Der Mann ab.

SHLINK *während er sorgfältig einen Koffer packt:* Führen Sie das Geschäft weiter, so lange Sie können. Schicken Sie die Briefe ab. Ich komme zurück. *Schnell ab.*

9

BAR GEGENÜBER DEM GEFÄNGNIS

28. Oktober 1915

Der Wurm. Der Pavian. Der Stulpnasige. Der Geistliche der Heilsarmee. Jane. Marie Garga. Lärm von draußen.

DER PAVIAN Hören Sie das Geheul der Lyncher? Das sind gefährliche Tage für das Chinesenviertel. Vor acht Tagen wurden die Verbrechen eines malaiischen Holzhändlers aufgedeckt. Vor drei Jahren hatte er einen Mann ins Gefängnis gebracht, drei Jahre lang hat es dieser Mann bei sich behalten, aber acht Tage vor seiner Entlassung hat er in einem Brief an den »Examiner« alles aufgedeckt.

DER STULPNASIGE Das menschliche Herz!

DER PAVIAN Der Malaie selber ist natürlich über alle Berge. Aber er ist erledigt.

DER WURM Das können Sie von niemand sagen. Betrachten Sie die Verhältnisse dieses Planeten! Hier wird ein Mann nicht auf einmal erledigt, sondern auf mindestens hundertmal. Jeder hat viel zuviel Möglichkeiten. Hören Sie zum Beispiel die Geschichte von G. Wishu, dem Bulldoggenmann. Ich muß aber das Orchestrion dazu haben. *Orchestrion.* Das ist der Lebenslauf des Hundes George Wishu: George Wishu wurde geboren auf der grünen Insel Irland. Nach anderthalb Jahren kam er mit einem dicken Mann in die große Stadt London. Seine Heimat entließ ihn wie einen Unbekannten. Hier geriet er bald in die Hände einer grausamen Frau, die ihn gräßlichen Martern unterwarf. Nachdem er viel Leid ertragen hatte, entlief er in eine Gegend, in der zwischen grünen Hecken Jagd auf ihn gemacht wurde. Mit großen und gefährlichen Gewehren wurde auf ihn geschossen, und fremde Hunde hetzten ihm oftmals nach. Hierbei verlor er ein Bein, so daß er fortan hinkte. Nachdem mehrere seiner Unternehmungen fehlgeschlagen hatten, fand er, lebensmüde und halb verhungert, Unterschlupf bei einem alten Mann, der sein Brot mit ihm teilte. Hier starb er in einem Alter von siebeneinhalb Jahren nach einem Leben voll Enttäuschungen und Abenteuern mit großer Gelassenheit und Fassung. Sein Grab liegt in Wales. – Ich möchte wissen, wie Sie das alles unter einen Hut bringen wollen, Herr.

DER STULPNASIGE Wer ist denn das auf dem Steckbrief?

DER WURM Das ist der Malaie, den sie suchen. Er war schon einmal bankrott. Aber in drei Jahren hat er durch allerlei Praktiken seinen ganzen Holzhandel wieder an sich gebracht, wodurch im Viertel viel Haß entstand. Er wäre juristisch unangreifbar, wenn nicht der Mann im Gefängnis seine Sexualverbrechen ans Licht gezogen hätte. *Zu Jane:* Wann kommt dein Mann eigentlich aus dem Gefängnis?

JANE Ja, das ist es: ich habe es vorhin noch gewußt. Denken Sie nicht, meine Herren, daß ich es nicht weiß, es ist am Achtundzwanzigsten, gestern oder heute.

DER PAVIAN Laß das Gewäsch, Jane.

DER STULPNASIGE Und was ist das für eine, die mit dem unanständigen Kleid?

DER PAVIAN Das ist das Opfer, die Schwester des Mannes im Gefängnis.

JANE Ja, das ist meine Schwägerin. Sie tut, als kenne sie mich nicht, aber als ich verheiratet war, ist sie nicht eine Nacht heimgekommen.

DER PAVIAN Der Malaie hat sie kaputtgemacht.

DER STULPNASIGE Was tut sie in den Gläserbottich?

DER WURM Ich sehe es nicht. Sie sagt auch etwas. Still, Jane!

MARIE *läßt einen Geldschein in den Bottich flattern:* Als ich die Scheine damals in den Händen hielt, sah ich Gottes Auge auf mir ruhen. Ich sagte: ich habe alles für ihn getan. Gott wandte sich weg, es war, als ob Tabakfelder rauschten. Ich habe sie dennoch aufgehoben. Ein Schein! Ein zweiter! Wie zerfalle ich! Wie gebe ich meine Reinheit weg! Jetzt ist das Geld fort! Es ist mir nicht leichter ...

GARGA *tritt ein mit Maynes und drei anderen Männern:* Ich habe Sie gebeten, mit mir zu kommen, um Sie durch den Augenschein zu überzeugen, daß mir Unrecht geschehen ist. Ich habe Sie mitgenommen, Herr Maynes, um einen Zeugen zu haben, daß ich, nach drei Jahren zurückgekehrt, meine Frau an einem solchen Ort vorfinde. *Er führt die Männer an den Tisch, wo Jane sitzt.* Guten Tag, Jane. Wie geht es dir?

JANE George! Ist heute der Achtundzwanzigste? Ich dachte es nicht. Ich wäre daheim gewesen. Hast du gemerkt, wie kalt es dort ist? Hast du dir gedacht, daß ich hier sitze, um mich zu wärmen?

GARGA Das ist Herr Maynes, den kennst du. Ich werde wieder in sein Geschäft eintreten. Und dies sind Herren aus unserer Straße, die sich für meine Lage interessieren.

JANE Guten Tag, meine Herren. Ach, George, das ist doch schrecklich für mich, daß ich deinen Tag versäumt habe! Was werden Sie von mir denken, meine Herren! Ken Si, bediene die Herren!

DER WIRT *zum Stulpnasigen:* Das ist der aus dem Gefängnis, der ihn angezeigt hat.

GARGA Guten Tag, Ma. Hast du auf mich gewartet? – Auch meine Schwester ist hier, wie Sie sehen.

MARIE Guten Tag, George. Geht es dir gut?

GARGA Wir wollen nach Hause gehen, Jane.

JANE Ach, George, das sagst du so. Aber wenn ich mitgehe, dann schiltst du mich aus daheim, und ich sage es dir lieber gleich: es ist nicht aufgewaschen.

GARGA Ich weiß es.

JANE Das ist häßlich von dir.

GARGA Ich schelte dich nicht. Jane, wir fangen jetzt frisch an. Mein Kampf ist zu Ende. Du kannst das schon daraus ersehen, daß ich meinen Gegner einfach aus der Stadt gejagt habe.

JANE Nein, George, es wird doch immer alles schlimmer! Man sagt: es wird besser, aber es wird immer noch schlimmer, denn das kann es. Ich hoffe, es gefällt Ihnen hier, meine Herren? Wir könnten natürlich auch woanders hingehen...

GARGA Aber was hast du denn, Jane? Ist es dir nicht recht, daß ich dich hole?

JANE Das weißt du doch, George! Wenn du es nicht weißt, kann ich es dir nicht sagen.

GARGA Was meinst du damit?

JANE Siehst du, George, ein Mensch ist anders, als du glaubst, auch wenn es mit ihm zu Ende geht. Warum hast du denn die Herren mitgebracht? Ich habe immer gewußt, daß es mit mir so kommen wird. Wie man mir im Kommunionunterricht gesagt hat, wie es denen gehen wird, die schwach sind, habe ich gleich gedacht: mir geht es so. Das brauchst du doch niemand zu beweisen.

GARGA Du willst also nicht mit heimgehen?

JANE Frage doch nicht, George!

GARGA Ich frage dich aber, meine Liebe.

JANE Dann muß ich es dir anders sagen. Sieh her, ich habe mit diesem Herrn gelebt. *Sie zeigt auf den Pavian.* Ich gestehe es, meine Herren, was hilft es auch, und besser wird es nicht.

DER PAVIAN Sie ist wirklich des Teufels.

MAYNES Grauenvoll.

GARGA Höre zu, Jane. Jetzt kommt deine letzte Chance in dieser Stadt. Ich bin bereit, dies durchzustreichen. Du hast die Herren als Zeugen. Komm mit heim.

JANE Das ist nett von dir, George. Es ist sicher meine letzte Chance. Aber ich will sie nicht. Es ist nicht richtig zwischen uns, das weißt du. Ich gehe jetzt, George. *Zum Pavian:* Komm!

DER PAVIAN Mahlzeit. *Beide ab.*

EINER DER MÄNNER Der Mann hat nichts zu lachen.

GARGA Ich lasse die Wohnung auf, Jane. Du kannst nachts läuten.

DER WURM *tritt zum Tisch:* Was Sie vielleicht gemerkt haben: unter uns hält sich eine Familie auf, die nur mehr in Überbleibseln fortbesteht. Diese Familie, in die sozusagen die Motten gekommen sind, würde mit Freuden ihr letztes Geld opfern, wenn man ihr sagen könnte, wo ihre Mutter, der Grundpfeiler des Haushalts, sich aufhält. Ich habe tatsächlich eines Morgens um sieben Uhr sie, eine Vierzigjährige, in einem Obstkeller reinmachen sehen. Sie hatte ein neues Geschäft angefangen. Ihr altes Gesicht war in guter Ordnung.

GARGA Aber Sie, Herr, waren doch im Holzgeschäft jenes Mannes tätig, nach dem sie jetzt Chicago von oben bis unten absuchen.

DER WURM Ich? Ich habe den Mann nie gesehen. *Ab.*
Der Wurm hat im Abgehen ein Geldstück in das Orchestrion
geworfen, es spielt Gounods »Ave Maria«.

DER GEISTLICHE *an einem Ecktischchen, liest die Likörkarte*
mit harter Stimme, jedes Wort auskostend: Cherry-Flip,
Cherry-Brandy, Gin-Fizz, Whisky-Sour, Golden Slipper,
Manhattan Cocktail, Curaçao extra sec, Orange, Maras-
chino, Cusinier und das Spezialgetränk dieser Bar: Egg-
Nog. Dieses Getränk allein besteht aus: rohem Ei, Zucker,
Cognac, Jamaica-Rum, Milch.

DER STULPNASIGE Kennen Sie eigentlich die Liköre, Sir?

DER GEISTLICHE Nein!

Gelächter.

GARGA *zu seinen Begleitern:* Sie werden begreifen, daß die
notwendige Zurschaustellung meiner zerrütteten Familie für
mich demütigend ist. Sie werden aber auch begriffen haben,
daß dieses gelbe Gewächs nie mehr im Boden dieser Stadt
Fuß fassen darf. Meine Schwester Marie befand sich, wie Sie
wissen, längere Zeit im Dienste des Shlink. Ich muß, wenn
ich jetzt mit ihr spreche, natürlich so vorsichtig wie möglich
vorgehen, da meine Schwester einen gewissen Rest von
Feingefühl sich noch in ihrem tiefsten Elend bewahrt
hat! *Er setzt sich zu Marie:* Dein Gesicht kann ich also
sehen?

MARIE Es ist keines mehr. Das bin nicht ich.

GARGA Nein. Aber ich erinnere mich, du sagtest einmal in der
Kirche, du warst neun Jahre alt: von morgen ab soll er zu
mir kommen. Und wir vermuteten, daß es sich um Gott
handelte.

MARIE Habe ich das gesagt?

GARGA Ich liebe dich immer noch, wie verwahrlost du bist und
befleckt. Aber wenn ich gleich wüßte, daß du es weißt, daß
du alles mit dir machen kannst, wenn ich dir sage: ich liebe
dich immer, so sage ich es dir doch.

MARIE Und siehst mich an dabei? Dieses Gesicht?

GARGA Dieses. Der Mensch bleibt, was er ist, auch wenn sein Gesicht zerfällt.

MARIE *steht auf:* Aber das will ich nicht. Ich will nicht, daß du mich so liebst. Ich liebe mich, wie ich gewesen bin, sage nicht: ich bin nie anders gewesen.

GARGA *laut:* Verdienst du Geld? Lebst du nur von Männern, die dich bezahlen?

MARIE Hast du Leute mitgebracht, die das wissen sollen? Kann man hier Whisky haben? Mit viel Eis? Es soll offenbar werden. Nun: ich habe mich weggeworfen, aber dann habe ich Geld dafür verlangt, gleich danach, daß man es merkte, was ich bin, und daß ich davon leben kann. Jetzt ist es ein glattes Geschäft. Ich habe einen guten Körper, ich dulde es nicht, daß man raucht in meiner Gegenwart, aber ich bin keine Jungfrau mehr, ich verstehe mich auf Liebe. Hier habe ich Geld. Aber ich verdiene mehr, ich will es ausgeben, das verlangt mich; wenn ich es verdient habe, will ich nicht sparen müssen, hier ist es, ich werfe es in den Bottich da. So bin ich.

MAYNES Entsetzlich.

EIN ANDERER MANN Man wagt nicht zu lachen.

DER GEISTLICHE Der Mensch ist zu haltbar. Das ist sein Hauptfehler. Er kann zuviel mit sich anfangen. Er geht zu schwer kaputt. *Ab.*

MAYNES *und die drei Männer stehen auf:* Wir haben gesehen, Garga, daß Ihnen Unrecht geschehen ist.

DER STULPNASIGE *nähert sich Marie:* Kokotten! *Er wiehert.* Das Laster ist das Parfüm der Damen.

MARIE Wir Kokotten! Puder über dem Gesicht, man sieht die Augen nicht, die blau waren. Die Männer, die mit Schuften Geschäfte machen, lieben mit uns. Wir verkaufen unsern Schlaf, wir leben von Mißhandlung.

Es folgt ein Knall.

DER WIRT Der Herr hat sich in den Hals geschossen.

Die Männer schleppen den Geistlichen herein, legen ihn auf den Tisch zwischen die Gläser.

ERSTER MANN Nicht anlangen. Hände weg!

ZWEITER MANN Er sagt etwas.

ERSTER MANN *über ihm, laut:* Haben Sie Wünsche? Haben Sie Angehörige? Wohin soll man Sie bringen?

DER GEISTLICHE *murmelt:* »La Montagne est passée: nous irons mieux.«

GARGA *über ihm, lachend:* Er hat in mancher Hinsicht daneben geschossen. Er meinte, es sei sein letztes Wort, aber es ist das letzte eines anderen, und zweitens ist es nicht sein letztes Wort, denn er hat schlecht getroffen, und es ist nur eine kleine Fleischwunde.

ERSTER MANN Wahrhaftig! So ein Pech! Er hat es im Dunkeln gemacht, er hätte es im Hellen machen sollen.

MARIE Sein Kopf hängt nach hinten. Tut doch etwas darunter! Wie mager er ist. Jetzt kenne ich ihn auch, es ist derjenige, dem er ins Gesicht spuckte, damals.

Alle, außer Marie und Garga, mit dem Verletzten ab.

GARGA Er hat eine zu dicke Haut. Sie biegt alles um, was man hineinstößt. So viele Spieße gibt es nicht.

MARIE Du denkst immer an ihn?

GARGA Ja, dir sage ich es.

MARIE Wie niedrig sie machen, die Liebe und der Haß!

GARGA Das machen sie. – Liebst du ihn immer noch?

MARIE Ja – ja.

GARGA Und keine Aussicht auf bessere Winde?

MARIE Doch, zuweilen.

GARGA Ich wollte dir helfen. *Stille.* Dieser Kampf war eine solche Ausschweifung, .daß ich heute ganz Chicago dazu brauche, ihn nicht fortsetzen zu müssen. Es ist natürlich möglich, daß er selber schon nicht mehr an eine Fortsetzung dachte. Er deutete selber an, daß in seinem Alter drei Jahre soviel wie dreißig Jahre sein können. In Anbetracht aller dieser Umstände habe ich ihn, ohne selbst anwesend zu sein, mit einem ganz groben Mittel vernichtet. Außerdem mache ich es ihm einfach unmöglich, mich zu sehen. Dieser letzte

Schlag wird nicht mehr zwischen uns diskutiert: ich bin nicht mehr für ihn zu sprechen. In der Stadt wachen heute an jeder Straßenecke die Autochauffeure darüber, daß er sich im Ring nicht mehr blicken lassen kann zur Stunde, wo sein Knockout ohne vorhergegangenen Kampf einfach als erfolgt angenommen wird. Chicago wirft das Handtuch für ihn. Ich kenne seinen Aufenthaltsort nicht, aber er weiß es.

DER WIRT In Mulberry Street brennen Holzlager.

MARIE Es ist gut, wenn du ihn abgeschüttelt hast. Aber ich gehe jetzt.

GARGA Ich bleibe hier, im Mittelpunkt der Lynchaktion. Aber am Abend komme ich heim. Wir werden zusammen wohnen. *Marie ab.*

GARGA Wieder in der Frühe werde ich heißen schwarzen Kaffee trinken, mein Gesicht mit kaltem Wasser waschen, die frischen Kleider anziehen, das Hemd zuvörderst. Viele Dinge werde ich aus meinem Hirn kämmen am Morgen, viel wird ringsum vorgehen mit frischem Lärm in der Stadt, da ich diese Leidenschaft nicht mehr in mir habe, die mit mir hinunterfahren wollte, aber ich habe noch viele Dinge zu tun. *Macht die Tür vollends auf und horcht lachend auf das Geheul der Lyncher, das stärker geworden ist.*

SHLINK *ist eingetreten; er trägt einen amerikanischen Anzug:* Sie sind allein? Es war schwierig, hierherzukommen. Ich wußte, daß Sie heute entlassen wurden, ich suchte Sie schon in Ihrem Haus. Man ist mir auf den Fersen. Jetzt rasch, Garga, kommen Sie!

GARGA Sind Sie wahnsinnig?! Ich habe Sie angezeigt, damit ich Sie loshabe.

SHLINK Ich bin kein mutiger Mann. Ich bin dreimal gestorben auf dem Weg hierher.

GARGA Ja, auf der Milwaukeebrücke sollen sie schon Gelbe wie farbige Wäsche hängen!

SHLINK Um so rascher müssen wir machen. Sie wissen, daß Sie mitkommen müssen. Wir sind noch nicht fertig.

GARGA *besonders langsam, da er Shlinks Zeitnot erkennt:*
Leider stellen Sie dieses Ansuchen an mich in ungünstiger
Stunde. Ich bin hier in Gesellschaft. Meine Schwester, Marie
Garga, verkommen im September vor drei Jahren, un-
versehens. Meine Frau, Jane Garga, verderbt zur gleichen
Zeit. Ganz zuletzt noch ein Mann der Heilsarmee, unbekannten Namens, bespuckt und erledigt, obgleich belang-
los. Vor allem anderen aber meine Mutter, Maë Garga,
geboren 1872 in den Südstaaten, verschollen im Oktober
vor drei Jahren, sie ist sogar aus der Erinnerung verschollen,
sie hat kein Gesicht mehr. Es ist ihr abgefallen wie ein gelbes
Blatt. *Horcht.* Was für ein Geschrei!

SHLINK *ebenfalls in Horchen versunken:* Ja. Aber es ist noch
nicht das richtige Geschrei, das weiße. Dann sind sie da.
Dann haben wir noch eine Minute. Horch, jetzt! Jetzt ist es
das richtige! Das weiße Geschrei! Kommen Sie!
Garga mit Shlink schnell ab.

10

VERLASSENES EISENBAHNERZELT IN DEN KIESGRUBEN AM
MICHIGANSEE

19. November 1915. Gegen 2 Uhr morgens

Shlink. Garga.

SHLINK Das immerwährende Geräusch Chicagos hat aufgehört. Siebenmal drei Tage sind die Himmel verblaßt, und
die Luft ist graublau geworden wie Grog. Jetzt ist die Stille
da, die nichts verbirgt.

GARGA *raucht:* Sie kämpfen leicht. Wie Sie verdauen! Ich hatte meine Kindheit noch vor mir. Die Ölfelder mit dem blauen Raps. Der Iltis in den Schluchten und die leichten Wasserschnellen.

SHLINK Richtig, das alles war in Ihrem Gesicht! Jetzt ist es hart wie Bernstein, man findet mitunter Tierleichen in ihm, der durchsichtig ist.

GARGA Sie sind einsam geblieben?

SHLINK Vierzig Jahre.

GARGA Jetzt, gegen Ende, verfallen Sie also der schwarzen Sucht des Planeten, Fühlung zu bekommen.

SHLINK *lächelnd:* Durch die Feindschaft?

GARGA Durch die Feindschaft!

SHLINK Du hast begriffen, daß wir Kameraden sind, Kameraden einer metaphysischen Aktion! Unsere Bekanntschaft war kurz, sie war eine Zeitlang vorwiegend, die Zeit ist schnell verflogen. Die Etappen des Lebens sind nicht die der Erinnerung. Der Schluß ist nicht das Ziel, die letzte Episode nicht wichtiger als irgendeine andere. Ich habe zweimal einen Holzhandel geführt, seit zwei Wochen ist er unter Ihrem Namen eingetragen.

GARGA Haben Sie Todesahnungen?

SHLINK Hier ist das Hauptbuch Ihres Holzhandels; es fängt an, wo einmal Tinte über Zahlen geschüttet ist.

GARGA Sie haben es auf dem Leib getragen? Schlagen Sie es selbst auf. Es ist sicherlich schmutzig. *Er liest.* Eine reinliche Rechnung, lauter Subtraktionen. Am siebzehnten: Das Holzgeschäft, fünfundzwanzigtausend Dollar für Garga. Vorher noch zehn Dollar für Kleider. Danach einmal zweiundzwanzig Dollar für Marie Garga, »unsere« Schwester. Ganz am Schluß: noch einmal das ganze Geschäft niedergebrannt. – Ich kann nicht mehr schlafen, ich bin froh, wenn Sie Kalk über sich haben.

SHLINK Verleugne nicht, was war, Garga! Sieh nicht nur die Rechnung. Erinnere dich der Frage, die wir stellten. Nimm dich zusammen: ich liebe dich.

GARGA *betrachtet ihn:* Aber wie widerlich von Ihnen! Sie sind erschreckend unappetitlich, ein alter Mensch wie Sie!

SHLINK Möglich, ich bekomme keine Antwort. Aber wenn du Antwort bekommst, denke an mich, wenn ich Moder im Mund habe. Worauf horchen Sie?

GARGA *faul:* Sie zeigen Spuren von Gemüt. Sie sind alt!

SHLINK Ist es so gut, die Zähne zu zeigen?

GARGA Wenn sie gut sind!

SHLINK Die unendliche Vereinzelung des Menschen macht eine Feindschaft zum unerreichbaren Ziel. Aber auch mit den Tieren ist eine Verständigung nicht möglich.

GARGA Die Sprache reicht zur Verständigung nicht aus.

SHLINK Ich habe die Tiere beobachtet. Die Liebe, Wärme aus Körpernähe, ist unsere einzige Gnade in der Finsternis! Aber die Vereinigung der Organe ist die einzige, sie überbrückt nicht die Entzweiung der Sprache. Dennoch vereinigen sie sich, Wesen zu erzeugen, die ihnen in ihrer trostlosen Vereinzelung beistehen möchten. Und die Generationen blicken sich kalt in die Augen. Wenn ihr ein Schiff vollstopft mit Menschenleibern, daß es birst, es wird eine solche Einsamkeit in ihm sein, daß sie alle gefrieren. Hören Sie denn zu, Garga? Ja, so groß ist die Vereinzelung, daß es nicht einmal einen Kampf gibt. Der Wald! Von hier kommt die Menschheit. Haarig, mit Affengebissen, gute Tiere, die zu leben wußten. Alles war so leicht. Sie zerfleischten sich einfach. Ich sehe sie deutlich, wie sie mit zitternden Flanken einander das Weiße im Auge anstierten, sich in ihre Hälse verbissen, hinunterrollten, und der Verblutete zwischen den Wurzeln, das war der Besiegte, und der am meisten niedergetrampelt hatte vom Gehölz, das war der Sieger! Horchen Sie auf etwas, Garga?!

GARGA Shlink! Ich habe Ihnen jetzt drei Wochen zugehört. Immer habe ich gewartet, daß mich Wut ausfüllen könnte, unter irgendeinem Vorwand, wie klein er auch sei. Aber jetzt merke ich, während ich Sie ansehe, daß mich Ihr Gewäsch ärgert und Ihre Stimme mir zum Ekel ist. Ist nicht heute Donnerstagabend? Wie weit ist es bis New York? Warum sitze ich und verliere meine Zeit? Sind wir nicht drei Wochen hier gelegen? Wir dachten, der Planet verließe seine Bahn darüber! Aber was kam? Dreimal hat es geregnet, und einmal ging ein Wind in der Nacht. *Steht auf.* Ich glaube, es ist jetzt Zeit, daß Sie Ihre Schuhe ausziehen, Shlink. Ziehen Sie Ihre Schuhe aus, Shlink, und lassen Sie sie mir ab! Denn mit Ihrem Geld wird es wohl nicht mehr weit her sein. Shlink, ich beende jetzt unsern Kampf, in seinem dritten Jahr, hier im Gehölz des Michigansees, denn sein Stoff ist verbraucht: in diesem Augenblick hört er auf. Ich kann ihn nicht mit einem Messer beenden, ich sehe da keine großen Wörter. Meine Schuhe sind löchrig, und Ihre Reden halten mir die Zehen nicht warm. Es ist ganz platt, Shlink: der jüngere Mann gewinnt die Partie.

SHLINK Heute hat man manchmal die Spaten der Eisenbahnarbeiter bis hierher gehört. Ich habe bemerkt, daß Sie hinhörten. Sie stehen auf, Garga? Sie gehen hin, Garga? Sie verraten mich?

GARGA *legt sich faul nieder:* Ja, genauso werde ich es machen, Shlink.

SHLINK Und niemals, George Garga, wird ein Ausgang dieses Kampfes sein, niemals eine Verständigung?

GARGA Nein.

SHLINK Sie aber kommen heraus, Ihr nacktes Leben in der Tasche?

GARGA Das nackte Leben ist besser als jedes andere Leben.

SHLINK Tahiti?

GARGA New York. *Ironisch lachend:* »Ich werde hingehen, und ich werde zurückkommen mit eisernen Gliedern, dunkler Haut, die Wut im Auge. Meinem Gesicht nach wird man glauben, daß ich von starker Rasse bin. Ich werde Gold haben, müßig sein und brutal. Die Frauen pflegen gern solche wilden Kranken, die aus den heißen Ländern zurückkommen. Ich werde schwimmen, Gras zerstampfen, jagen, rauchen vor allem. Getränke trinken wie kochendes Metall. Ich werde mich ins Leben mengen, gerettet sein.« – Was für Dummheiten! Worte, auf einem Planeten, der nicht in der Mitte ist! Wenn Sie längst Kalk über sich haben, durch die natürliche Ausscheidung des Veralteten, werde ich wählen, was mich unterhält.

SHLINK Was nehmen Sie für eine Haltung ein? Ich bitte Sie, Ihre Pfeife aus dem Maul zu nehmen. Wenn Sie sagen wollen, daß Sie impotent geworden sind, dann tun Sie das mit einer anderen Stimme.

GARGA Wie Sie wollen.

SHLINK Diese Handbewegung beweist mir, daß Sie als Gegner unwürdig sind.

GARGA Ich habe mich lediglich beklagt, daß Sie mich langweilen.

SHLINK Sagten Sie, Sie haben sich beklagt? Sie! Ein gemieteter Faustkämpfer! Ein betrunkener Verkäufer! Den ich für zehn Dollar gekauft habe, ein Idealist, der nicht seine Beine unterscheiden konnte, ein Nichts!

GARGA *lachend:* Ein junger Mann! Seien Sie offen.

SHLINK Ein Weißer, gemietet, mich hinunterzuschaffen, mir etwas Ekel oder Moder in das Maul zu stopfen, daß ich den Geschmack des Todes auf die Zunge kriege! Zweihundert Meter weit im Gehölz finde ich Lyncher in Menge.

GARGA Ja, vielleicht bin ich ein Aussätziger, aber was macht es. Sie sind ein Selbstmörder. Was bieten Sie mir noch? Sie haben mich gemietet, aber nicht bezahlt.

SHLINK Sie haben bekommen, was jemand wie Sie braucht. Ich habe Ihnen Möbel gekauft.

GARGA Ja, ein Klavier war es, was ich aus Ihnen herausholte, ein Klavier, das verkauft werden mußte. Einmal habe ich Fleisch gegessen! Einen Anzug habe ich gekauft, und für Ihr Gerede habe ich meinen Schlaf geopfert.

SHLINK Ihren Schlaf, Ihre Mutter, Ihre Schwester und Ihre

Frau. Drei Jahre Ihres dummen Lebens. Aber wie ärgerlich! Jetzt endet es in Niedrigkeit. Sie haben nicht begriffen, was es war. Sie wollten mein Ende, aber ich wollte den Kampf. Nicht das Körperliche, sondern das Geistige war es.

GARGA Und das Geistige, das sehen Sie, das ist nichts. Es ist nicht wichtig, der Stärkere zu sein, sondern der Lebendige. Ich kann Sie nicht besiegen, ich kann Sie nur in den Boden stampfen. Ich werde mein rohes Fleisch in die Eisregen hinaustragen, Chicago ist kalt. Ich gehe hinein. Es ist möglich, daß ich das Falsche tue. Aber ich habe noch viel Zeit. *Ab.*

Shlink fällt um.

SHLINK *steht auf:* Nachdem die letzten Degenstöße gewechselt sind sowie die letzten Worte, diejenigen, welche uns eingefallen sind, danke ich Ihnen für das Interesse, das Sie meiner Person erzeigt haben. Es ist viel abgefallen von uns, kaum die nackten Leiber sind übriggeblieben. In vier Minuten geht der Mond hoch, da können Ihre Lyncher hier sein! *Er bemerkt, daß Garga fort ist, und geht ihm nach.* Geh nicht weg, George Garga! Höre nicht auf, weil du jung bist. Die Wälder sind abgeholzt, die Geier sind sehr satt, und die goldene Antwort wird in den Boden vergraben! *Wendet sich. Ein milchiges Licht entsteht im Dickicht.* 19. November! Drei Meilen südlich von Chicago: Westwind! Vier Minuten vor Aufgang des Mondes ersoffen beim Fischefangen.

MARIE *tritt ein:* Ich bitte Sie, mich nicht wegzujagen. Ich bin eine Unglückliche.

Das Gestrüpp wird heller.

SHLINK Aber es häuft sich. Fische, die einem ins Maul schwimmen ... Was ist das für ein verrücktes Licht? Ich bin sehr beschäftigt.

MARIE *den Hut abziehend:* Ich sehe nicht mehr gut aus. Sehen Sie mich nicht an: die Ratten haben mich angebissen. Ich schleppe Ihnen her, was noch da ist.

SHLINK Was für ein milchiges Licht! Ach so! Hautgout! Wie?

MARIE Finden Sie mein Gesicht aufgeschwemmt?

SHLINK Wissen Sie, daß Sie gelyncht werden, wenn der Mob Sie hier auffischt?

MARIE Wie mir das gleich ist!

SHLINK Ich bitte Sie, mich allein zu lassen in meiner letzten Minute.

MARIE Kommen Sie, verstecken Sie sich im Gesträuch. Es gibt einen Schlupfwinkel im Steinbruch.

SHLINK Damned! Sind Sie wahnsinnig? Sehen Sie nicht, daß ich noch einen Blick über das Dickicht werfen muß? Zu diesem Zweck geht der Mond auf. *Geht zum Eingang.*

MARIE Ich sehe nur, daß Sie den Boden verloren haben. Erbarmen Sie sich Ihrer!

SHLINK Können Sie mir nicht diesen letzten Liebesdienst erweisen?

MARIE Ich will Sie nur ansehen, ich habe erkannt, daß ich hierher gehöre.

SHLINK Mag sein! Bleiben Sie! *In der Ferne Signal.* Zwei Uhr. Ich muß mich in Sicherheit bringen.

MARIE Wo ist George?

SHLINK George? Geflüchtet! Welch ein Rechenfehler! In Sicherheit bringen! *Er reißt sein Halstuch weg.* Die Fässer stinken schon. Gute, fette, selbstgeangelte Fische! Gut gedörrt, in Kisten vernagelt! Eingesalzen! In die Teiche gesetzt zuvor, eingekauft, überzahlt, fettgefüttert! Todsüchtige, selbstmörderische Fische, die die Angeln schlucken wie Hostien. Pfui Teufel! Jetzt schnell! *Er geht zum Tisch, setzt sich. Trinkt aus einem Fläschchen.* Ich, Wang Yen, genannt Shlink, erzeugt in Yokohama im nördlichen Peiho unter dem Sternbild der Schildkröte! Ich habe einen Holzhandel geführt, ich habe Reis gegessen und mit vielerlei Volk gehandelt. Ich, Wang Yen, genannt Shlink, 54 Jahre alt, geendet drei Meilen südlich von Chicago, ohne Erben.

MARIE Was haben Sie?

SHLINK *sitzend:* Sind Sie hier? Die Beine werden mir kalt. Werfen Sie mir ein Tuch übers Gesicht, haben Sie Mitleid! *Er sinkt zusammen.*

Ächzen im Gestrüpp, Tritte, heisere Flüche von hinten.

MARIE Auf was horchen Sie? Antworten Sie doch! Schlafen Sie? Friert es Sie noch? Ich bin ganz an Ihnen! Was wollten Sie mit dem Tuch?

In diesem Augenblick werden mit Messern Eingänge in das Zelt geschlitzt. Lautlos in die Eingänge treten die Lyncher.

MARIE *geht auf sie zu:* Gehen Sie fort! Er ist gestorben. Er will nicht, daß man ihn ansieht.

I I

PRIVATKONTOR DES VERSTORBENEN C. SHLINK

Acht Tage später

Das Holzgeschäft ist eine Brandstätte. Es hängen Plakate herum: »Dieses Geschäft ist zu verkaufen.«
Garga. John Garga. Marie Garga.

JOHN Es war eine Dummheit von dir, dieses Geschäft niederbrennen zu lassen. Jetzt sitzt du zwischen verkohlten Balken. Wer soll die kaufen?

GARGA *lacht:* Sie sind billig. Aber was werdet ihr anfangen?

JOHN Ich dachte, wir bleiben zusammen.

GARGA *lacht:* Ich gehe fort. Wirst du arbeiten?

MARIE Ich werde arbeiten. Ich werde aber nicht Stiegen wischen wie meine Mutter.

JOHN Ich bin Soldat. Wir haben in Brunnentrögen geschlafen. Die Ratten auf unsern Gesichtern wogen nie unter sieben Pfund. Als sie mir das Gewehr abhängten und es aus war, sagte ich: hinfort schläft jeder von uns mit der Mütze auf dem Kopf.

GARGA Kurz: jeder schläft.

MARIE Wir wollen jetzt gehen, Vater. Es wird Abend, und ich habe noch kein Zimmer.

JOHN Ja, gehen wir! *Sieht sich um.* Gehen wir! Ein Soldat an deiner Seite. Vorwärts gegen das Dickicht der Stadt!

GARGA Ich habe es hinter mir. Hallo!

MANKY *tritt strahlend ein, die Hände in den Taschen:* Ich bin es. Ich habe dein Inserat gelesen in der Zeitung. Wenn dein Holzhandel nicht zu teuer ist, kaufe ich ihn.

GARGA Was bietest du?

MANKY Warum verkaufst du?

GARGA Ich gehe nach New York.

MANKY Und ich ziehe hierher.

GARGA Wieviel kannst du zahlen?

MANKY Ich muß für den Holzhandel noch etwas in der Hand haben.

GARGA Sechstausend, wenn du die Frau noch mitnimmst.

MANKY Gut.

MARIE Ich habe meinen Vater dabei.

MANKY Und deine Mutter?

MARIE Die ist nicht mehr da.

MANKY *nach einer Weile:* Gut.

MARIE Macht den Kontrakt fertig! *Die Männer unterschreiben.*

MANKY Wir wollen eine Kleinigkeit zu uns nehmen. Wollen Sie mitkommen, George?

GARGA Nein.

MANKY Sind Sie noch hier, wenn wir zurückkommen?

GARGA Nein.

JOHN Leb wohl, George! Betrachte dir New York! Du kannst nach Chicago kommen, wenn es dir an den Hals geht. *Die drei gehen ab.*

GARGA *verwahrt das Geld:* Allein sein ist eine gute Sache. Das Chaos ist aufgebraucht. Es war die beste Zeit.

Zeittafel

1898	am 10. Februar geboren in Augsburg
1918–1920	Arbeit an dem Stück *Baal* (mehrere Fassungen; Erstdrucke: 1920 und 1922)
1919	Arbeit an der Komödie *Trommeln in der Nacht* (Erstdruck: 1922)
1920	Dramaturg an den Münchner Kammerspielen
1921–1923	Arbeit an dem Stück *Im Dickicht der Städte* (mehrere Fassungen; Erstdruck: 1927)
1922	Regisseur an Reinhardts »Deutschem Theater«, Berlin Kleistpreis für *Baal*, *Trommeln in der Nacht* und *Im Dickicht der Städte*
1923	Arbeit an der Historie nach Marlowe *Leben Eduards des Zweiten von England* (mit Lion Feuchtwanger; Erstdruck 1924)
1924–1926	erste Fassungen des Lustspiels *Mann ist Mann* (Erstdruck: 1927)
1927	Erstdruck der Gedichtsammlung *Bertolt Brechts Hauspostille*
1928	*Die Dreigroschenoper* (Uraufführung: 31. 8. 1928; Erstdruck: 1929)
1928–1929	Arbeit an der Oper *Aufstieg und Fall der Stadt Mahagonny* sowie ersten Fassungen des Radiolehrstücks für Knaben und Mädchen *Lindberghflug* (später: *Der Ozeanflug*)
1929	gesonderte Ausgabe von *Die Songs der Dreigroschenoper*
1929	Arbeit an *Das Badener Lehrstück vom Einverständnis*
1929–1930	Arbeit an den Schulopern *Der Jasager* und *Der Neinsager* (mehrere Fassungen) sowie an dem Stück *Die heilige Johanna der Schlachthöfe*
1930	Arbeit an den Lehrstücken *Die Ausnahme und die Regel* und *Die Maßnahme* Beginn der Edition der *Versuche* (bis 1933 sieben Hefte)
1932	erste Fassung des Stücks nach Gorki *Die Mutter* Die Gedichtsammlung *Die drei Soldaten. Ein Kinderbuch* (mit Zeichnungen von George Grosz) erscheint als *Versuche*, Heft 6
1932–1934	Arbeit an dem Stück *Die Rundköpfe und die Spitzköpfe* (mehrere Fassungen)

1933	Emigration in Dänemark (bis 1939), Schweden (1939/40), Finnland (1940/41) und den USA (bis 1947)
1933–1934	Arbeit an dem Lehrstück für Kinder *Die Horatier und die Kuriatier* sowie am *Dreigroschenroman* (Erstdruck: 1934)
1936–1937	Arbeit an dem Einakter *Die Gewehre der Frau Carrar*
1937–1939	Arbeit an einem Roman *Die Geschäfte des Herrn Julius Caesar*
1938	*Gesammelte Werke* in zwei Bänden (London)
1938	Arbeit an Szenen zu *Furcht und Elend des Dritten Reiches*. 24 Szenen (Erstdruck: 1945)
1938	Arbeit an dem Hörspiel *Das Verhör des Lukullus*
1938–1939	Arbeit an dem Stück *Leben des Galilei* (erste Fassungen)
1938–1940	Arbeit an dem Parabelstück *Der gute Mensch von Sezuan* (mehrere Fassungen)
1939	Arbeit an der Chronik *Mutter Courage und ihre Kinder* Erstdruck der *Svendborger Gedichte*
1940	Arbeit an dem Volksstück *Herr Puntila und sein Knecht Matti*
1941	Arbeit an dem Stück *Der aufhaltsame Aufstieg des Arturo Ui*
1942–1943	Arbeit an dem Stück *Die Gesichte der Simone Machard*
1944–1945	Arbeit an dem Stück *Schweyk im zweiten Weltkrieg* (mehrere Fassungen) sowie an *Der kaukasische Kreidekreis*
1947	Rückkehr aus den USA nach Europa: zunächst in Zürich Bearbeitung *Die Antigone des Sophokles* (Uraufführung in Chur: 15. Februar 1948)
1948	Rückkehr nach Berlin
1949	11. Januar: Aufführung von *Mutter Courage und ihre Kinder* in Berlin. Gründung des Berliner Ensembles Erstausgabe der *Kalendergeschichten* Wiederaufnahme der 1933 unterbrochenen Herausgabe der *Versuche* Arbeit an dem Stück *Die Tage der Commune*
1950	Arbeit an der Oper *Die Verurteilung des Lukullus*
1951	Bearbeitung der Komödie *Der Hofmeister* (nach Lenz)
1953	Arbeit an dem Stück *Turandot oder Der Kongreß der Weißwäscher*
1953–1954	Arbeit an den *Buckower Elegien*
1953	Beginn der Gesamtausgabe der *Stücke* in 14 Bänden
1956	am 14. August gestorben in Berlin
1957	es erscheint eine Auswahl der *Schriften zum Theater*

1960	Beginn der Gesamtausgabe der *Gedichte* in zehn Bänden 2000. Aufführung der *Dreigroschenoper* in New York es erscheint das *Dreigroschenbuch*
1961	Erstdruck der *Flüchtlingsgespräche*
1967	*Gesammelte Werke* in 8 bzw. 20 Bänden
1969	*Texte für Filme*
1973	*Arbeitsjournal 1938–1955*
1975	*Tagebücher 1920–1922*
1978	zum 80. Geburtstag erscheint *Bertolt Brecht – Sein Leben in Bildern und Texten*
1981	zum 25. Todestag erscheinen die *Briefe*
1982	*Gedichte aus dem Nachlaß*
1988	Beginn der *Großen kommentierten Berliner und Frankfurter Ausgabe* in 30 Bänden
1989	*Tagebuch No. 10. 1913*. Faksimile und Transkription

Bertolt Brecht
im Suhrkamp Verlag und
im Insel Verlag

Werke. Große kommentierte Berliner und Frankfurter Ausgabe. Dreißig Bände. Herausgegeben von Werner Hecht, Jan Knopf, Werner Mittenzwei und Klaus-Detlef Müller. Gemeinschaftsausgabe des Aufbau-Verlages Berlin-Weimar und des Suhrkamp Verlages Frankfurt am Main. Leinen und Leder (Die Bände erscheinen zwischen 1988 und 1993.)

Gesammelte Werke. 1967. Dünndruckausgabe in 8 Bänden. 2 Supplementbände. Herausgegeben vom Suhrkamp Verlag in Zusammenarbeit mit Elisabeth Hauptmann. Leinen und Leder

Gesammelte Werke. 1967. Werkausgabe in 20 Bänden. 4 Supplementbände. Textidentisch mit der Dünndruckausgabe. Leinenkaschiert

Einzelausgaben

Arbeitsjournal 1938-1955. 3 Bände. Herausgegeben von Werner Hecht. Leinen und leinenkaschiert

Der aufhaltsame Aufstieg des Arturo Ui. es 144

Aufstieg und Fall der Stadt Mahagonny. Oper. es 21

Ausgewählte Gedichte. Auswahl von Siegfried Unseld. Nachwort von Walter Jens. es 86

Baal. Drei Fassungen. Kritisch ediert und kommentiert von Dieter Schmidt. es 170

Baal. Der böse Baal der asoziale. Texte, Varianten, Materialien. Kritisch ediert und kommentiert von Dieter Schmidt. es 248

Das Badener Lehrstück vom Einverständnis. Die Rundköpfe und die Spitzköpfe. Die Ausnahme und die Regel. Drei Lehrstücke. es 817

Die Bibel und andere frühe Einakter. BS 256

›Biberpelz‹ und ›Roter Hahn‹. Zwei Stücke von Gerhart Hauptmann in der Bearbeitung des Berliner Ensembles. es 634

Briefe an Marianne Zoff und Hanne Hiob. Herausgegeben von Hanne Hiob. Redaktion und Anmerkungen von Günther Glaeser. Leinen und Leder

Briefe. 2 Bände. Herausgegeben und kommentiert von Günter Glaeser. Leinen

Der Brotladen. Ein Stückfragment. Bühnenfassung und Texte aus dem Fragment. es 339

Buckower Elegien. Mit Kommentaren von Jan Knopf. es 1397

Dialoge aus dem Messingkauf. BS 140

Bertolt Brechts Dreigroschenbuch. Texte, Materialien, Dokumente. 2 Bde. Herausgegeben von Siegfried Unseld. st 87

Die Dreigroschenoper. es 229

Bertolt Brecht
im Suhrkamp Verlag und
im Insel Verlag

11/2/3.90

Bertolt Brecht
im Suhrkamp Verlag und
im Insel Verlag

11/3/3.90

Bertolt Brecht
im Suhrkamp Verlag und
im Insel Verlag

Bertolt Brecht
im Suhrkamp Verlag und
im Insel Verlag

Brechts Romane. Herausgegeben von Wolfgang Jeske. stm. st 2042

Materialien zu Bertolt Brechts ›Schweyk im zweiten Weltkrieg‹. Vorlagen (Bearbeitungen), Varianten, Fragmente, Skizzen, Brief- und Tagebuchnotizen. Ediert und kommentiert von Herbert Knust. es 604

Bertolt Brecht. Sein Leben in Bildern und Texten. Mit einem Vorwort von Max Frisch. Herausgegeben von Werner Hecht. Leinen und it 1122

Brechts ›Tage der Commune‹. Herausgegeben von Wolf Siegert. stm. st 2031

Theaterarbeit. Sechs Aufführungen des Berliner Brecht-Ensembles. Mit zahlreichen Fotos. Leinen

Brechts Theaterarbeit. Seine Inszenierung des ›Kaukasischen Kreidekreises‹ 1954. Herausgegeben von Werner Hecht. stm. st 2062

Brechts Theorie des Theaters. Herausgegeben von Werner Hecht. stm. st 2074

Zu Bertolt Brecht

Walter Benjamin: Versuche über Brecht. Herausgegeben und mit einem Nachwort versehen von Rolf Tiedemann. es 172

Walter Brecht: Unser Leben in Augsburg, damals. Erinnerungen. Leinen und st 1368

Werner Hecht: Sieben Studien über Brecht. es 570

Wolfgang Jeske: Bertolt Brechts Poetik des Romans. Kartoniert

Joachim Lucchesi / Ronald K. Shull: Musik bei Brecht. Leinen

James K. Lyon: Bertolt Brecht und Rudyard Kipling. es 804

James K. Lyon: Bertolt Brecht in Amerika. Aus dem Amerikanischen von Traute M. Marshall. Leinen

James K. Lyon: Bertolt Brechts Gedichte. Eine Chronologie. Kartoniert

Hans Mayer: Anmerkungen zu Brecht. es 143

Werner Mittenzwei: Das Leben des Bertolt Brecht oder Der Umgang mit den Welträtseln. 2 Bände. Leinen

Antony Tatlow: Brechts chinesische Gedichte. Leinen

11/5/3.90

suhrkamp taschenbücher
Eine Auswahl

suhrkamp taschenbücher
Eine Auswahl

265/2/8.90

suhrkamp taschenbücher
Eine Auswahl

265/3/8.90

suhrkamp taschenbücher
Eine Auswahl

suhrkamp taschenbücher
Eine Auswahl

suhrkamp taschenbücher
Eine Auswahl

suhrkamp taschenbücher
Eine Auswahl

suhrkamp taschenbücher
Eine Auswahl

265/9/8.90